HISTOIRE

ECCLÉSIASTIQUE ET MONASTIQUE

DE DOUAI ET DE SA CONTRÉE.

HISTOIRE

ECCLÉSIASTIQUE ET MONASTIQUE

DE DOUAI

DEPUIS L'ÉTABLISSEMENT DU CHRISTIANISME.

Par H. R. DUTHILLOEUL.

Heureux , trois et quatre fois heureux ceux qui croient Ils ne peuvent sourire sans compter qu'ils souriront toujours ; ils ne peuvent pleurer sans penser qu'ils touchent à la fin de leurs larmes. Leurs pleurs ne sont point perdus ; la religion les reçoit dans son urne et les présente à l'Eternel.

(CHATEAUBRIAND.—*Génie du Christianisme.*)

DOUAI, 1861.

A la Librairie de MADOUX-LUCAS rue du Canteleu.

(V° ADAM imprimeur A DOUAI.)

1861

HISTOIRE ECCLÉSIASTIQUE ET MONASTIQUE

DE DOUAI ET DE SA CONTRÉE.

> « Ne pouvons-nous pas appeler cette contrée
> terre d'Ephrata , c'est-à-dire terre plantureuse ,
> fromenteuse et fructueuse qui contient ces trois
> belles et fertiles provinces de Flandre, d'Artois et
> de Hainaut, au milieu desquelles est la noble ville
> de Douay , comme l'œil entre les florons de la
> rose.... La grande et spacieuse ville de Douay, qui
> est entre ces trois riches et opulentes provinces ,
> comme la lyaison de leurs confins. »
>
> (RICHARDOT, évêque d'Arras. — *Erection de
> l'Université de Douai*. 1562.)

INTRODUCTION.

Du Christianisme dans les contrées du nord de la France.

La religion chrétienne est celle de Jésus-Christ (1).
A peine fondée elle jeta un tel éclat qu'elle éclipsa
toutes les autres en peu d'années. Pour acquérir cette
puissance , après son divin créateur , il lui suffit de

---

(1) De *christos,* christ, oint ou sacré. Vers l'an 41 , les disciples
de Jésus prirent à Antioche le nom de Chrétiens *Christianoï.*

douze pauvres pécheurs n'ayant *tous qu'un cœur et qu'une âme ;* mais ces humbles disciples étaient pourvus d'une force civilisatrice immense , inconnue jusqu'alors, la CHARITÉ ! vertu dont l'essence fut le sceau de la rénovation de la nature humaine , le principe de tous progrès. Ce sont eux qui la découvrirent , qui l'éveillèrent aux applaudissements de la terre étonnée et qui par elle changèrent la face du monde.

L'histoire religieuse de nos contrées dans les temps reculés est couverte d'un voile difficile à pénétrer. Il faut se contenter de quelques lueurs éparses , répandues çà et là dans nos anciennes chroniques.

Saint Fuscian et saint Victoric furent les premiers missionnaires qui vinrent vers le IIIe siècle prêcher l'Évangile dans ces pays. Ils remplissaient depuis trente ans, avec courage et succès leur sainte et pénible mission , lorsqu en l'an 332 , les persécutions de Dioclétien et de Maximin , sanglantes surtout sous la main de Rictouare, préfet du *Belgium* , les arrêtèrent au milieu de leurs travaux à Amiens et les jetèrent sous la hache des bourreaux. Bientôt après, saint Piat, saint Eubert et saint Chrysole arrivèrent. Saint Piat essuya le martyre à Tournai et fut enterré à Seclin ; saint Chrysole en reçut la palme à Verlinghem-sur-la-Lys ; la fin de saint Eubert est inconnue (1). Ce qui se passa dans le reste du IVe siècle est fort incertain.

(1) On a dit qu'il fut aussi martyrisé.

Clovis dans le siècle suivant , envoya de Reims chez les Atrébates et les Nerviens, saint Vaast comme évêque. Ce saint personnage pendant un demi-siècle gouverna les deux diocèses d'Arras et de Cambrai. Saint Géri vint après et fixa son son siége à Cambrai. Le plus ancien monastère , dans ces régions , fut fondé par lui sur le Mont des Bœufs, près de Cambrai, sous le vocable de St-Médard et de St-Loup. On l'appela ensuite St-Géri. Celui de St-Vaast à Arras fut établi quelques années après la mort de cet apôtre , arrivée vers la fin du VIe siècle ; mais on n'en connaît pas positivement la date.

Au commencement du VIIe siècle, saint Eloi et saint Amand , par leurs travaux apostoliques dissipent une partie des ténèbres qui obscurcissaient encore notre horizon catholique et font briller de nouvelles lueurs du Christianisme. D'autres monastères sont érigés successivement alors : ceux d'Elnon à St-Amand , de Sithiu ou St-Bertin à St-Omer , de Marchiennes et d'Anchin.

Peu après, ce que nous nommons l'Église, la société des fidèles, unis par la profession d'une même foi et par la soumission à un même chef, est régulièrement constituée. Les évêchés sont organisés, des temples et d'autres monastères sont bâtis.

Mais les invasions des hommes du Nord , pendant le cours du VIIIe siècle , viennent arrêter les progrès du Christianisme. Douai et les établissements religieux qui l'entourent ont beaucoup à souffrir. Pendant près d'un siècle notre pays est menacé de se voir replongé dans la barbarie. Cependant le règne de Jésus-Christ, du dieu des petits et des misérables, triomphe.

L'histoire du Christianisme dans la ville de Douai et sa province va se dérouler maintenant par celles de ses églises et de ses établissements religieux.

COLLÉGIALE ET CHAPITRE

DE SAINT-AMÉ.

On a dit que vers le milieu du VIe siècle, une chapelle, nommée la *chapelle rouge*, existait déjà sur l'emplacement où s'était élevée depuis l'église de la Collégiale et du chapitre de St-Amé ; que cet édifice aurait été construit alors par Théobald, duc de Douai, père de sainte Gertrude et visité par saint Amand, lorsqu'il arriva dans nos provinces du Nord ; que se trouvant sur une petite éminence, défendu d'un côté par la Scarpe, et abrité par le château de Douai (*Castellun Duacense*), demeure des suzerains, ce lieu avait paru propre à la construction d'une église. Elle y fut bâtie sous l'invocation de *Notre-Dame*, dont elle prit le nom.

On nommait *Collégiales*, les collèges de chanoines qui se trouvaient non seulement dans la ville épiscopale, mais aussi dans d'autres cités et même dans des communes rurales. Primitivement les collégiales comme les chapitres épiscopaux, étaient des espèces de monastères où l'on pratiquait la vie commune. Plus tard les chanoines se logèrent séparément et ne se réunirent plus que pour la célébration des saints mystères et la récitation des offices qui furent nommés *heures canonicales.*

Dans le IXe siècle les invasions fréquentes des hommes du Nord, qui venaient piller et dévaster nos contrées, obligèrent les religieux du monastère de Merville, où saint Amé avait été enterré, à se réfugier dans la ville de Douai. Ils y transportèrent alors les restes de ce saint personnage et l'église de Notre-Dame prit le nom de St-Amé. Vers la fin de ce siècle, une nouvelle invasion des hommes du Nord força le Chapitre à transférer, à Soissons, le corps de saint Amé ; mais il fut ramené à Douai vers 896.

On doit attribuer l'absence de documents authentiques sur les premiers temps de cette Collégiale à deux incendies qui consumèrent ses archives. Le premier aurait eu lieu en 1076, sous Philippe Ier, roi de France, et le second le 21 juillet 1293, sous Philippe-le-Bel.

L'église de St-Amé avait été reconstruite à la fin du XIIe siècle : les travaux avaient été commencés vers 1191.

Cette Collégiale n'était point soumise à la juridiction de l'évêque diocésain, ce qui avait été reconnu par les évêques de Cambrai et d'Arras, Gérard II et Lambert Ier en 1081 et 1097, et par les bulles des papes Paschal II et Lucius II, de 1119 et 1149.

Les rois de France, Philippe-le-Long en 1320

Philippe de Valois en 1330 , et Jean en 1351 avaient donné, au bailli général d'Amiens, la garde et conservation des droits du Chapitre de St-Amé et lui avaient attribué la connaissance de toutes ses causes , sauf l'appel au Parlement de Paris.

Cette attribution fut conférée par Charles-Quint le 27 août 1530, au conseil provincial d'Artois. Louis XIV, par lettres du 9 février 1668 prit , sous sa protection spéciale le Chapitre , ses officiers , suppôts et leurs domaines, commit les officiers de ce conseil à la garde et du maintien de leurs priviléges, et leur conféra le droit de juger les appels des sentences des baillis et hommes *jugeant au cloître de St-Amé*. A la charge seulement d'appel au Parlement de Paris. Cet état de choses fut maintenu par arrêté du conseil d'Etat du 19 juin 1717.

L'indépendance judiciaire du Chapitre lui coûta la perte du droit qu'il avait eu jusqu'à la publication de l'ordonnnance du 12 juillet 1732 , de célébrer , dans son église alternativement avec la Collégiale de St-Pierre , les cérémonies auxquelles le Parlement devait assister en corps. Ce fut de cette manière que la Cour, sous le prétexte qu'elle ne pouvait pas se rendre à un *Te Deum* , ou a une messe solennelle dans un lieu étranger à son ressort , parvint à se venger de l'échec qu'elle avait essuyé (1).

---

(1) Pillot. *Histoire du Parlement de Flandre.*

Les chanoines de St-Amé , comme seigneurs pouvaient condamner les coupables de leur juridiction à des pélerinages, rachetables en espèces. « Ces seigneurs
» avoient haute , moyenne et basse justice en leur
» église , chimetière , plaches , héritaiges , maison ,
» pourpris et rues de eux mouvans et tenus en telle
» fachon que le comte dé Flandres , les baillys et es-
» chevins de Douay , ni aultres seigneurs temporels
» n'y ont coynoissance , hauteur , ni prérogative. En
» outre ils percevoient sur toutes les brasseries de la
» rue et quartier St-Albin de chaque brassin un *ton-*
» *nelet* de bierre nommé *franquet.* Au mois d'octobre
» ils avoient chacun an par tout la ville de Douai les
» afforages , tonlieux et maltotes (2), depuis nonnes
» sonnées à leur église le jour St-Luc jusques au len-
» demain nonnes sonnées à leur église le jour St-
» Brice, par don que leur en fist un comte de Flandre
» nommé Arnould. (2) »

Le Chapitre se composait d'un prévôt à la nomination du roi, de quatre dignitaires électifs par le Chapitre (le doyen , le chantre, le trésorier et l'écolâtre) , de vingt-un chanoines capitulaires et de deux semi-prébendés. Le prévôt nommait à tous ces bénéfices , à la réserve de la prébende diaconale et des semi-pré-

---

(1) *L'afforage* était un droit sur la vente du vin en détail.—Celui du *tonlieu* s'exerçait sur les foires et marchés. — La *maltote* était une imposition récemment créée.

(2) Chambre des Comptes.

bendés qui étaient à la nomination du Chapitre. Trente.
huit bénéficiers étaient en outre attachés à cette Collégiale.

La sacristie de l'église St-Amé fut brûlée le 22
septembre 1522 et le dommage fut considérable ; il
s'étendit à une partie de l'église et nécessita de grandes réparations dans son intérieur.

Le suffragant de l'évêché d'Arras consacra de nouveau l'église le 9 juillet 1523.

Le 28 mai 1570 , une grande rumeur eut lieu dans
l'église et la paroisse. Elle eut pour cause la lecture,
faite dans la chaire de vérité , d'un placard du duc
d'Albe, faisant défense au peuple de « *détenir ou de*
» *lire la Ste-Bible et autres livres des saintes écritu-*
» *tures en langue entendue, ni même heures en latin*
» *et français, et ce sous peine de grande punition.* »
Des personnages furent désignés pour faire la visite
des livres et heures, que les particuliers étaient obligés
de leur porter. Certain nombre se soumirent à cette
mesure, mais beaucoup préférèrent déchirer ou brûler
leurs livres que d'y obéir. Cela fut cause , dit « le P.
» Ignace , que périrent plusieurs beaux et excellents
» livres aussi bien en latin qu'en français. »

Quelques lustres après on imprimait à Douai , chez
Laurent Kellam , la célèbre bible en anglais dite *Bible
de Douai.*

Dans les XIVe et XVe siècles, des représentations de
mystères ou de *jeux* étaient données dans les occasions

solennelles au chœur des églises. Le registre des comptes de St-Amé, qui repose aux archives du département du Nord, à Lille, fait mention de trois de ces représentations ayant eu lieu à St-Amé, on y lit :

« Le XXIIe jour de mai 1542, *jour des Pélerins*
» fut jué en l'église de St-Amé, par permission de
» messieurs le *ju et histoire de la résurrection*, par
» les vicaires et enfans de cette église...

» Six ans après en 1548, le jour des Pélerins, quy
» fust le lendemain du jour de Pasques on fist le
» mystère du Pélerin, par les vicaires de ceste église...

» Le dimanche XXVIIe jour de mars 1529, MM.
» les vicaires juérent leurs jeux pour la feste anniver-
» saire du couronnement de l'Empereur (1) et les
» jueurs de marionnettes juerent devant le St-Sacre-
» ment... »

Partie de ces usages avait été importée d'Espagne à l'occasion de la fête du St-Sacrement, que l'on appelait la fête du *Corpus Christi*. On représentait des moralités et des mystères de distance en distance dans les rues, au passage du St-Sacrement, sur des échafauds, comme de nos jours devant nos reposoirs. Ces représentations d'histoires sacrées tant intérieures qu'extérieures se nommaient en Flandre *remontrances*.

En 1630 on dut reconstruire la chapelle du St-Sacrement pour cause de vétusté.

---

(1) Charles-Quint.

Pendant huit jours, du 21 au 28 juillet 1754 , une solennité séculaire fut célébrée dans l'église de St-Amě, en l'honneur du St-Sacrement de Miracles. La relation en a été imprimée chez Willerval la même année.

Le 5 juillet 1855 , une solennité semblable eut lieu comme jubilé séculaire à l'église St-Jacques. La relation en fut aussi imprimée chez Adam.

En 1771 et 1772 le Chapitre de St-Amé fit procéder à l'embellissement de son église, à la réparation et à l'exhaussement de sa tour , qu'il fit surmonter d'une flèche , sur les dessins et sous la direction du frère Usmez, brigittin de la maison de Péruwelz (1). Presque toutes les maisons religieuses d'hommes avaient alors un de leurs membres versé dans l'art des constructions.

St-Amé a compté 29 prévôts ; le dernier fut Pierre-François-Xavier de Ranst de Berkem.

Le 17 novembre 1790 , en vertu des décrets, les scellés furent apposés par une commission *ad hoc* sur le chapitre et ses dépendances.

En 1791, l'église de St-Amé devint celle de l'une des trois paroisses de la ville.

L'église fut vendue en 1798 et démolie la même année ; pour jeter à bas la tour qui était fort élevée et dont les deux tiers étaient en grès, on employa les mineurs de la garnison.

---

(1) Ce même religieux fut l'architecte de l'église des Dominicains de Douai.

Comme les démolisseurs, que l'on nommait *la bande noire*, n'achetaient les églises que pour la valeur du fer, du plomb et que les autres matériaux étaient si peu estimés par eux qu'ils les abandonnaient à ceux qui voulaient les enlever, on usa d'un singulier moyen pour mettre le clocher bas sans avoir la peine de le démolir. On remplaça les premières assises des contre-forts de la tour par des étais de bois, posés debout et qui soutenaient les masses supérieures ; on mit le feu à ces étais et bientôt tout le haut du clocher fut couché à terre. Le reste fut rasé quelques semaines plus tard.

La basilique de St-Amé avait son entrée principale vers l'ouest et son maitre-autel était au levant ; elle avait une autre entrée au sud. Le clocher se dressait en face de la rue qui porte son nom ; elle avait encore une entrée au-dessous de ce clocher.

Plusieurs reliques étaient conservées à **St-Amé**, avec les restes de ce saint, et ceux de saint Maurand, patron de la ville de Douai. On y voyait de beaux mausolées et des tableaux de bons maitres (1).

Le Chapitre de St—Amé a donné plusieurs hommes distingués.

Le chanoine **Azo**, auteur d'un commentaire sur les

---

(1) Entre autres mausolées se trouvait celui de Jean, châtelain de Douai, au milieu du chœur. Les piliers de l'église étaient surmontés de douze statues des apôtres, en pierre blanche.

Un beau et grand tableau d'Arnould de Vuez, représentant les *Nôces de Cana*.

œuvres grammaticales de Priscien et fondateur, a-t-on dit, de la confrérie des Clercs Parisiens.

Walerand Hangouard , premier recteur de l'Université de Douai.

Bossemius , auteur de plusieurs écrits. Le plus remarquable est celui ayant pour titre : *Clericorum cum fœminis cohabitatione* , etc. Bossemius avait fondé le séminaire de Notre-Dame de Douai.

Nicolas de la Verdure que Fénélon se plaisait à consulter.

Bruneau de Wassignies, savant bibliophile.

La Collégiale de St-Amé avait trente-sept chapelles desservies par ses bénéficiers.

Son Chapitre était fort riche, parce qu'il avait réuni, aux propriétés de son église , celles du monastère de Broyle, près Merville, dont les membres étaient venus s'établir à St-Amé. Il était extrêmement jaloux de ses priviléges et de ses droits : donnons en un exemple.

Au milieu du XVe siècle , les habitants d'Aubigny-le-Comte, dans le comté de St-Pol, en Artois, avaient détruit une partie de bois peu considérable, appartenant au Chapitre de St-Amé. Plainte en fût portée et de lourdes amendes furent payées par les malheureux paysans. Ce n'était pas assez. Les chanoines obtinrent que chaque année on viendrait, leur faire réparation , non du dommage qu'ils avaient éprouvé, puisqu'il était payé , mais de l'*outrage que l'on avait fait à leur droit de propriété*. Chaque année donc , un habitant

2

de la comté d'Aubigny venait à Douai à l'époque de la procession de Notre-Dame des Miracles, à la tête de laquelle il se plaçait, portant un grand cierge allumé qu'il déposait, après la cérémonie, sur un chandelier auprès du maître-autel. Cette cérémonie se nommait *la Candouille*; elle fut supprimée le 19 octobre 1776.

Le Chapitre de St-Amé avait, dès ses premiers temps, des relations avec des personnages éminents. On peut en juger par la lettre qu'écrivit Henri, empereur de Constantinople, l'an 1296, de son armée devant Andrinople, à Godefroy, prévôt de St-Amé, peu de jours après son élection, par laquelle il annonce au prévôt cet événement et lui donne des détails sur l'état des choses en Orient (1).

Principales reliques que l'on voyait à St-Amé, selon le martyrologe de Belgique :

— Le corps de saint Onésime, évêque de Soissons, mort en 360 (2).

— Le pied droit de sainte Anne, mère de la Vierge, couvert encore de sa chair, enchâssé dans un pied d'argent.

— Le corps de saint Amé et une de ses chasubles.

— Partie notable du chef (de la tête) de saint Cosme, martyr.

---

(1) Cette lettre se trouve à la bibl. de Douai.—MS., n° 367.

(2) L'église de St-Amé honorait saint Onésime. Le jour de sa fête, on lisait son histoire dans cette église.

— Le corps de saint Gardinel, confesseur.

— Une bonne partie de la tête de saint Clément, pape et martyr, enchâssée dans un chef d'argent.

— Un des bras de sainte Gertrude.

— Une tête et un bras des saints innocents.

— Le bras droit de saint Estienne, conservé dans dans une châsse d'argent.

— Le chef de sainte Monique renfermé dans un reliquaire d'argent.

— Quelques fragments du corps de saint Omer.

On trouve aux archives du département du Nord à Lille et à la bibliothèque de Douai, des cartulaires de St-Amé, mais des temps récents.

Les archives de St-Amé qui se trouvent à Lille sont entre les plus importantes de ce dépôt. Les pièces sont au nombre de 2213 et de 171 liasses. L'inventaire raisonné des titres et des chartes est terminé ; il forme un volume in-folio.

On peut consulter sur les archives de St-Amé un travail important de M. Le Glay, publié dans les *Mémoires* de la Société d'agriculture de Douai.—Années 1856-57.

COLLÉGIALE, CHAPITRE ET PAROISSE

DE SAINT-PIERRE.

L'église de St-Pierre existait-elle au VII° siècle, lorsque saint Aubert tenait la crosse des évêchés de Cambrai et d'Arras, ainsi qu'on l'a avancé? C'est un point difficile à résoudre. A-t-elle été érigée en Collégiale, vers 1012, par Bauduin à la Belle-Barbe, comte de Flandre, comme on l'a soutenu? Aucun document ne nous confirme ces faits.

C'est seulement à compter du commencement du XI° siècle que l'on a des données certaines sur cet établissement. Robert-le-Frison, en 1072, et Guy de Dampierre, en 1293, qualifient cette église de Collégiale, en lui accordant quelques priviléges, que confirmèrent successivement Louis de Mâle, en 1270, Philippe de Bourgogne, en 1384, et Charles-le-Hardi, en 1468. Par des lettres de sauvegarde, ils la prirent sous leur protection, déclarant qu'elle avait été fondée, dotée et amortie par les souverains leurs prédécesseurs.

Cette paroisse parait avoir été la seule de la ville,

lorsqu'elle fut établie en 1185 ; elle reçut divers dons
de l'Abbaye de Marchiennes (1). Sa population s'étant
beaucoup accrue, le Chapitre donna un coadjuteur
au curé, réunit cette cure à l'une de ses prébendes et
la partagea entre les deux pasteurs. Cette union fut
approuvée par les évêques d'Arras Pierre et Radulphe
en 1196 et 1203. Plus tard, en 1225, 1228 et 1257,
du consentement de l'évêque, le Chapitre, ayant érigé
les paroisses de St-Jacques, de St-Nicolas et de Notre-
Dame, de parties de celle de St-Pierre, celle-ci put se
passer de son coadjuteur, et la prébende, qui avait été
affectée aux deux cures, fit retour au Chapitre. Il eut
alors beaucoup de démêlés avec l'évêché d'Arras,
pour la collation de la cure, dans lesquels dut inter-
venir l'autorité métropolitaine.

Les papes Clément III et Innocent III, en 1189 et
1203 prirent la Collégiale sous leur protection et la
confirmèrent dans ses priviléges et propriétés.

Radulphe, évêque d'Arras, avait, en mars 1107,
créé la dignité de prévot.

Voici quelle était la composition du Chapitre de cette
Collégiale : treize chanoines, le prévot non compris,
laissé à la nomination du souverain ; trois dignitaires
choisis par le Chapitre, deux semi-prébendés et trente
chapelains (2).

(1) On a même dit que l'on avait donné, à cause d'elle, le
nom de ville de St-Pierre (villa Sti-Petri) à la nombreuse colonie
chrétienne qui habitait en deçà du château de Douai.

(2) Le nombre des chapelains s'augmenta considérablement,

Louis XIV, en juin 1681, confirma le décret des grands vicaires d'Arras du 31 octobre 1651, créant la dignité de chantre dans cette Collégiale.

Des lettres patentes du mois d'avril 1777 établissaient que la nomination aux canonicats qui viendraient à vaquer dans les mois de janvier, avril, juillet et octobre était dévolue au Pape et que celle des vacances arrivant dans le mois de février, mai, août et novembre l'était au souverain. Le prévot avait le droit de nomination à ces bénéfices vacants pendant les quatre autres mois.

Les chanoines de St-Pierre n'ont jamais vécu en communauté.

En 1117, Robert, évêque d'Arras, donna au Chapitre de St-Pierre la partie des dîmes des paroisses de Sin et de Marque-en-Ostrevent qui lui appartenaient et même lui accorda le droit de présentation aux deux cures.

Le chœur de l'ancienne église avait été commencé en 1105 sous Robert de Jérusalem ; il fut achevé en 1112 par Bauduin à la Hache.

Honoric, pannetier du roi, fit ériger, en 1248, dans le cimetière St-Pierre, une chapelle en l'honneur de sainte Magdeleine; d'où la rue de ce nom a pris son vocable (1).

---

car en 1302, le Chapitre comptait 60 chapelles choriales et 21 foraines.

(1) Cette chapelle était ornée des statues en marbre d'Honoric

L'ancien clocher, menaçant ruine, fut démoli en 1512, et le 20 février 1513, les abbés d'Anchin et de Marchiennes posèrent la première pierre du clocher que l'on voit de nos jours. Il ne fut terminé qu'en 1686 au moyen des libéralités de toutes les classes de la population et de diverses loteries établies à cet effet. La sonnerie de ce clocher était une des plus importantes de celles des églises de la Flandre.

Grammaye dit que les souverains de la Flandre avaient concédé aux chanoines de St-Pierre une juridiction dans leur enclos, une foire, une cour, un tribunal féodal et un échevinage avec un bailli, en 1252. Que cette année la foire avait été vendue à la ville de Douai, par un acte authentique, que les chanoines possédaient dans leurs archives (1).

Robert-le-Frison avait accordé entr'autres priviléges au Chapitre de St-Pierre, l'affranchissement des ban-

---

et de sa femme. En 1750, lors de la reconstruction de l'église, par suite d'une contestation futile élevée entre les chanoines de la Collégiale et les chapelains de la Magdeleine, ces statues furent brisées et jetées pendant la nuit dans les fondations d'un des piliers du chœur.

(1) Le *Pilori* de cette juridiction était posé sur la place de St-Pierre, vis-à-vis du Clocher, à côté du puits, nommé à cause de lui le *Puich Philory*. Le Pilori était un hourdage, une sorte de grand échafaud sur lequel on exposait au *carcan* les condamnés, aux regards du public. Ils devaient s'y tenir debout, dans les cas ordinaires, à genoux dans les cas d'hérésie, pour faire amende honorable. Il y avait aussi des Piloris, en forme de cages, tournant sur pivot, dans lesquels on exposait les condamnés et que les passants pouvaient faire tourner à plaisir.

nis (1) ; la veille du jour de saint Pierre-aux-Liens, le droit de *cambiage* ou de *franquet* sur toutes les brasseries de son patronage, le droit de refuge et de franchise dans tout le contour de son église.

Dans le cimetière se trouvait une chapelle sous l'invocation de Notre-Dame de la Treille. Des miracles y ayant eu lieu le 8 juillet 1532, elle prit le nom de *Notre-Dame des Miracles*. La Vierge miraculeuse, qui s'y voyait, orne aujourd'hui le dôme de cette église.

Le corps de la basilique menaçant ruine, l'église fut fermée le 9 avril 1734, et le 24 mai de l'année suivante, M. de Lagrance, grand-vicaire du diocèse, posa la première pierre de l'église actuelle, laquelle fut bénite le 26 juillet 1750, avec une imposante solennité. C'est à un sieur de Brissy, architecte de Bruxelles, qu'est dû le plan de ce bel édifice.

Louis XV avait octroyé pour reconstruire l'église de St-Pierre, une somme de 240 mille francs, répartie en 20 années ; mais comme cette somme l'aurait gêné pour ses fastueuses et scandaleuses dépenses, il avait fait peser le paiement annuel de cette somme sur trois abbayes : celle d'Anchin donnait 5000 fr., celle de Marchiennes 4000 fr. et celle de Vaucelle 3000 fr. C'est ainsi que s'exerçait la générosité du *bien-aimé* roi très-chrétien, fils ainé de l'Église (2).

_____

(1) Ce droit fut confirmé par Guy de Dampierre en 1293, en 1347 par le gouverneur de Douai. Les échevins reconnurent ce droit en 1409 et 1426.

(2) Louis XV était peu scrupuleux pour ce qui concernait

L'échevinage, en 1778, ayant pensé que le cimetière de cette paroisse, au centre duquel l'église était
placée, pouvait être nuisible sous le rapport de la salu-
brité, décida que la fabrique aurait à se pouvoir d'un
terrain à l'une des extrémités de la ville. On acheta
alors des Trinitaires, un lieu nommé le *Purgatoire*,
lequel fut béni le 27 octobre 1778. Ce cimetière a été
supprimé en 1795, lors de l'établissement de celui du
Raquet (1).

L'église de St-Pierre était riche de belles châsses,
renfermant de précieuses reliques. Sa sacristie était
abondamment pourvue d'ornements de toutes sortes,
propres au service du culte. On y remarquait grand
nombre de bons tableaux et de monuments funèbres.

On voyait autrefois en l'église de St-Pierre, une vitre
représentant les bouchers en costumes de leur état, le
couteau au flanc, agenouillés et tête nue, faisant
amende honorable devant le prévôt du Chapitre. De la
bouche de l'un d'eux sortait une légende renfermant
ces mots : *Merci et amende pour profanation.* La vitre
a disparu et à peine si quelques-uns de nos plus vieux
concitoyens peuvent se rappeler de l'avoir vue placée à
droite du maître-autel de l'église restaurée. Nous n'en

l'Eglise. On sait qu'il *emprunta* aux chapelles et aux commu-
nautés leurs argenteries qui ne leur furent jamais restituées.

(1) Le *Purgatoire* comprenait la partie nord-est de la promenade de la place St Jacques, depuis la rue des Trinitaires jusqu'au rempart, et les demeures des sieurs Masure et Gramain.

parlerons pas plus longuement, mais disons pour quel sujet il en avait été fait don à l'église de Saint-Pierre (1).

C'était le 4 décembre 1348, un nommé Simon, boucher d'Arras, se prit de querelle avec Jehan Thierron, de Douai, sur le *marquié aux bestes*, à propos du poids différemment prétendu d'une vache ; Simon, dans la chaleur de l'emportement donna un soufflet à Thierron. Jehan Bloquiel, cousin de Simon, désireux de faire la paix, se rendit chez Thierron qui entendit ses explications et parut même acquiescer aux arrangements proposés ; mais comme Bloquiel se préparait à reporter à Simon les conditions de paix, Thierron lui donna dans le ventre un coup de couteau dont ce Bloquiel mourut. A peine le meurtre fut-il commis, que Thierron quitta son domicile et courut chercher refuge, asile et protection dans l'église de St-Pierre. Lorsque la mort de Jehan Blocquiel fut connue, elle excita une grande agitation parmi ses parents et amis. Quarante individus environ, tous bouchers, armés de haches, de couteaux et autres instruments de leur profession, marchèrent vers l'église de Saint-Pierre, en enfoncèrent les portes pour se saisir du meurtrier. Déjà il avait quitté l'église et était allé se

---

(1) Cette verrerie se trouvait dans l'ancienne église ; lors de la réédification on la plaça dans la chapelle à droite du maître-autel.

réfugier au couvent des Dominicains ; nos bouchers l'ayant appris , se dirigèrent vers la maison des pères de saint Dominique. Ayant rencontré au bas de la rue de l'église , un ami de Simon , nommé Willot , ils se jetèrent sur lui et le coupèrent en morceaux, sans pitié. Puis , ils continuèrent leur marche , se proposant de mettre à sac le couvent des Dominicains. Cependant le magistrat était instruit de ce mouvement, il se pressa d'envoyer du monde pour arrêter les furieux. Le plus grand nombre fut en effet appréhendé à l'instant où l'on commençait à battre en brèche les portes du couvent , et on les conduisit en prison ; les autres se sauvèrent et cherchèrent refuge dans l'église St-Jacques où ils furent recueillis. A l'instant 60 arbalétriers sont envoyés pour faire la garde à l'entour de l'église afin qu'aucun ne puisse s'échapper. Les bouchers ne quittent point St-Jacques dont on ne pouvait point violer le sanctuaire, et le clergé lui-même assure leur nourriture. Le jour suivant, vint à Douai, le grand prévôt de la province escorté de grand nombre de gens d'armes. Il fit mettre à sa disposition une certaine quantité de bourgeois armés , et il se transporta avec eux à l'église St-Jacques où il somma les révoltés de se rendre. Epouvantés de cet appareil et espérant plutôt grâce de leur obéissance que bonne fin de leur obstination, ils se livrèrent à discrétion.

Le procès s'instruisit avec toutes les formes alors usitées. Six des réfugiés étaient tonsurés ; reclamés par l'évêque d'Arras , ils lui furent livrés. Ceux qui restèrent ayant été appliqués à la question, firent l'aveu de leur faute. Jacques Minet avait porté le premier coup de couteau , il eut la tête tranchée par le bourreau sur le grand marché , devant la croix de pierre , et les autres furent bannis de la ville. Jehan Thierron était parvenu à se sauver de Douai et avait cherché un refuge à Arras ; mais l'un des fils de Jehan Blocquiel ayant découvert sa retraite , pénétra jusqu'à lui et le tua sur place ; ce meurtre resta impuni. Le prévôt de Bauquesne qui avait la suprême juridiction en matière criminelle , retira cependant les six tonsurés des prisons de l'évêché , les fit juger et condamner à être pendus, ce qui, sans délai, reçut son exécution.

Pour rappeler la mémoire de ce fait, il fut ordonné, à la corporation des bouchers de placer une vitre à l'église Saint-Pierre, et c'est celle que nous avons décrite.

Le 30 juillet 1570 une *prédication* eut lieu à l'église de St-Pierre , dans laquelle il fut déclaré *aux peuples que le Pape avait accordé un pardon général pour absoudre et pardonner toutes hérésies quelques fussent, ensemble tous autres cas perpétrés et commis à l'encontre de l'église romaine et des suppôts d'icelle pour ou moyennant que les dits défaillants se voulissent réduire et remettre en l'exercice de ladite église et ce par contrition et confession de toutes les dites héré-*

sies et fautes commises et ce dedans trois semaines
après (1).

Cette prédication fut suivie d'une procession géné-
rale par toute la ville ; et bientôt après bon nombre de
dissidents ou d'hérétiques rentrèrent dans le giron de
l'église.

Cette Collégiale a compté 49 prévôts de 1125 à
1789. Le dernier fut Charles-Joseph de Wéry , con-
seiller-clerc au Parlement.

Georges Colvenère fut le 42e. Il exerçait en même
temps les fonctions de chancelier de l'Université ; on
lui doit un bon nombre d'ouvrages , la plupart imprimés à Douai , et qui lui avaient fait une grande répu-
tation de son temps. Colvenère est mort le 29 mai
1649. Son corps avait été inhumé à St-Pierre ; on a
conservé l'inscription qu'on lisait sur la table de marbre qui recouvrait sa tombe.

Un autre écrivain distingué appartint encore à la
Collégiale, en qualité de chanoine, Arnould Raisse ; il
fut aussi inhumé à St-Pierre.

L'église de St-Pierre au moment de la révolution
de 1789, avait pour curé un homme de mérite et de
savoir M. Breuwart, qui fut député du clergé de Douai
à l'Assemblée Nationale en 1789, et se distingua dans
cette assemblée par sa modération et la fermeté de son
caractère.

---

(1) Mém. du *P. Ignace.*

Le curé, grand-doyen de cette église, est de nos jours M. Héroguez, archiprêtre, chanoine honoraire de la Métropole de Cambrai.

M. Doulart, chanoine de St-Pierre, a laissé manuscrite : *Historiæ fundationis insignis ecclesiæ collegiatæ Sancti Petri Duacensis, primitivis instrumentis innoxa ac variis articulis dictincta* (1).

Le scellé fut apposé sur le Chapitre de St-Pierre par suite des décrets de l'Assemblée Nationale, le 16 novembre 1790.

L'église, en 1791, devint celle de l'une des trois paroisses de la ville. Le 13 août 1793, il fut ordonné de descendre les cloches pour être envoyées à la fonderie de canons, on ne put y parvenir ; il fallut les briser.

Le 13 novembre 1793, sur la demande de la Société populaire, l'église de St-Pierre fut fermée, et peu après elle devint le temple de la Raison !...

On établit au centre une montagne, sur laquelle montaient les orateurs populaires pour prononcer leurs discours révolutionnaires et les coryphées pour faire entendre leurs hymnes à a Liberté.....

Cependant la chapelle du dôme est restée vierge de toutes souillures. Une cloison en planches la séparait de l'église. L'image de Notre-Dame des Miracles, en

_____

(1) A la fin de cette notice, nous donnons une traduction d'une partie de ce manuscrit relative à la reconstruction de l'église actuelle.

l'honneur de laquelle fut érigée la coupole resta toujours sur l'autel.

L'autel qui est de nos jours au fond du chœur servit
au culte révolutionnaire.

En 1802, le 27 avril, le maire de la ville fit publier
avec appareil la loi organique sur le rétablissement du
culte, et le 30 mai suivant, Mgr. de Belmas, évêque
de Cambrai, officia pontificalement à St-Pierre, en
présence des autorités. En 1803, le 18 mai, ce même
évêque, de concert avec M. le Préfet, décida que les
cérémonies publiques auraient lieu dans l'église de St-
Pierre (1). Au mois d'octobre 1806, le Préfet ordonna
que le clergé de chacune des paroisses aurait successivement son tour pour officier lors de ces cérémonies
dans l'église de St-Pierre. On replaça une horloge au
clocher à cette époque.

L'église de St-Pierre possède encore plusieurs bons
tableaux. *La résurrection de Jésus-Christ et l'Assomption* par Lagrenée,—*Jésus bénissant les Petits Enfants*
et *la Cène* de Wamps, — *Le mariage de saint Joseph*
de Deshayes,—*La peste de David* et la *chaste Suzanne*
de Ménageot,—*La Présentation* par Arnould de Vuez,
—*Le martyr de saint André* d'Hordin,—*La résurrection du Lazare* d'Abel de Pujol, etc. On y remarque
le beau mausolée de M. de Pollinchove, premier prési-

(1) St-Pierre jouissait de ce privilége antérieurement à la révolution de 1790. Jusqu'en 1750, elle l'avait partagé avec St-Amé,
comme nous l'avons dit plus haut.

dent au Parlement de Flandre, décédé le 29 novembre 1759, dû au ciseau d'Allegrain ; celui de M. Mellez, maire de Douai, et celui du vénérable M. Deforest de Lewarde, l'un des bienfaiteurs de la cité. Des copies des statues de saint Pierre et de saint Paul, exécutées par M. Bra, décorent les deux côtés du maître-autel, une statue de la Vierge, du même statuaire, se trouve sous le dôme.

Jacques Lesaige, pélerin, auteur du *Voyage de Douai à Jérusalem*, mort le 11 février 1549, avait été enterré à St-Pierre. La pierre tumulaire qui recouvrait ses restes a été brisée lors de la reconstruction de l'église en 1752.

Son magnifique buffet d'orgues est celui de l'ancienne abbaye d'Anchin.

Sa chaire de vérité, en chêne, est des plus remarquables.

Une fondation pieuse et charitable désignée sous le nom de *Table du St-Esprit* existait à l'église de St-Pierre. Par elle se fesait à certains jours de la semaine des distributions de secours aux pauvres femme sveuvès de la paroisse. Le nombre en était fixé à 80 ; il fallait pour qu'elles participassent à ces distributions qu'elles assistassent à la messe qui se célébrait à la chapelle du St-Esprit.

Cette fondation remontait, a-t-on dit, au commencement du XIII° siècle. Le plus ancien titre qui en

fasse mention est du mois de novembre 1264. Cette
fondation cessa d'exister en juin 1752.

Le 8 août 1852 une grande cérémonie eut lieu à
l'église de St-Pierre à cause de la translation des reliques de sainte Rufine et de plusieurs autres martyrs,
provenant des catacombes de Rome. Ces reliques
avaient été envoyées en l'année 1665, à l'abbaye de
Marquette-lez-Lille par le père Oliva, général de la
Compagnie de Jésus.

L'église de St-Pierre possède en outre les reliques
suivantes :

— Une parcelle assez considérable de la vraie Croix.

— Une relique de saint Hubert.

— Une de saint Roch.

— Une de saint Loup, archevêque de Sens.

Le curé de St-Pierre est le doyen du décanat du
canton nord de Douai.

*Reconstruction de l'église d'après le manuscrit du
chanoine Doulart.*

« Cette église, menaçant ruine depuis longtemps,
suivant le rapport qui en avait été fait par M. de Beauveau, gouverneur de la ville (1), qui, ensuite, pressa

_____

(1) Pierre-Magdelaine de Beauveau, chevalier des ordres du
roi, lieutenant-général de ses armées, fut nommés gouverneur
de Douai et du Fort-de-Scarpe en 1733. Il mourût à Douai, âgé de
72 ans, le 30 avril 1784, et fut inhumé dans le chœur de St-
Jacques.

3

M. l'intendant pour mettre en sûreté les paroissiens et empêcher qu'on y fut accablé , fut fermée par ordre des vicaires-généraux , qui en furent requis vivement par M. de la Grandville, intendant, et le Chapitre ayant signification de cet ordre, la fit fermer le 9 août 1734, qui était un vendredi. L'office cessa jusqu'au dimanche en suivant, mais on le recommença dans la chapelle de la Magdeleine le même dimanche , après que l'on eut délibéré et résolu de choisir et prendre cette chapelle pour y faire l'office divin à la manière accoutumée , et Mgr d'Arras ou les vicaires-généraux ayant désigné la chapelle des Huit-Prêtres pour les fonctions curiales et l'office de paroisse.

» Ensuite , on fut obligé de démolir cette église et on résolut , en conséquence , de vendre tous les meubles par affiches publiques et on commença cette vente le 30 août 1734 , et on la continua par différentes reprises (1). Cette vente monta à 14 mille florins (2), qu'on jugea à propos et nécessaire , dans une assemblée de notables de la paroisse, tenue le 7 mars 1735, chez M. le premier président du Parlement, d'employer à jeter les fondations d'une nouvelle église , suivant le plan que le sieur Doulart , chanoine de cette église , avait fait dresser par le sieur Laforet, architecte, et on

---

(1) Que dirait-on aujourd'hui si l'on vendait à l'enchère publique le mobilier d'une église ?

(2) 17,500 fr., somme considérable pour le temps.

le choisit préférablement à tous les autres plans pour
sa régularité et parce qu'on y évitait de grands frais
auxquels on était exposé en suivant les autres. Ce plan
ayant été approuvé et agréé par la plus grande partie
des notables , fut signé et paraphé par le premier président , afin de n'y rien changer et de ne plus en admettre d'autres qu'on pourrait présenter. Suivant ce
plan, on donna à cette église 311 pieds de long, depuis
les pilliers du milieu du clocher jusqu'au bout d'une
chapelle placée derrière le chœur , et 50 pieds de large
de la nef et au chœur. La croix a 60 pieds de longueur et de largeur 40 , de cette manière que la nef a
165 pieds de long , y compris la largeur du croisé et
le chœur 140 pieds de long , auxquels si on y joint
20 pieds pour la largeur des cercles , il a 130 pieds
jusqu'à ladite chapelle, qui doit avoir 16 pieds de pro-
fondeur sur 12 de large (1).

» Le 7 mai 1736, on a recommencé le travail à cette
église et on a fini le 12 novembre de la même année.

» En juin 1737, on a travaillé aux deux sous-bases
des pilliers , hors de terre de 5 pieds et tous les *grais*
à la fine taille. Le tout a coûté mille écus environ ,
avancés par ceux qui avaient promis des pilliers de
pierre d'escausine et par quelques autres personnes.

---

(1) On voit par là que le dôme actuel n'entrait pas dans le plan
primitif , qu'une chapelle devait être élevée sur son emplacement. Ce changement a probablement eu lieu lorsque le plan
de M. de Brissy a été adopté.

» Le 19 avril 1735, on commença à faire les fouilles d'une nouvelle église, du côté de la sacristie du chœur, pendant qu'on démolissait les murailles dans les autres endroits de l'église.

» Le 24 mai 1735, M. de Lagrange, chanoine et grand vicaire d'Arras, posa la première pierre de cette église, au nom et par commission de Mgr l'évêque d'Arras, François de Baglion de la Salle, et ensuite le prévost Adrien Delcourt, doyen, Pierre Cocquet, le chantre, Joseph Mosquin, l'écolâtre, Pierre Taffin et les autres chanoines, et les deux semi-prébendés posèrent chacun une première pierre avec leurs noms inscrits.

» Après la pose de la première pierre, on fit une belle procession du clergé de St-Pierre, accompagné des séminaristes des séminaires du Roi et d'Hennin, de MM. les marguillers dont le valet portait une platine de cuivre (1).

» Avant la pose de la première pierre, on ouvrit la terre dans tout le contour, suivant le plan qu'on en avait fait, et dans les endroits où sont fondées les chapelles derrières le chœur, on y fit les excavations jusqu'à la bonne argile et on posa cette première pierre en dessous de la muraille intérieure de la chapelle du milieu, directement derrière. »

_____

(1) Sans doute pour recouvrer les dons.

DES MONASTÈRES.

Jésus leur avait dit : « Partout où deux
» de vous seront réunis pour prier en
» commun, je serai au milieu d'eux. »

Les premiers chrétiens qui quittèrent le monde pour
se livrer , en toute liberté , à la vie religieuse se reti-
rèrent d'abord dans les lieux déserts, s'abritèrent dans
des grottes et sous de misérables cabanes , construites
avec des branches d'arbres ou des pierres , et vécurent
isolément : on les nommait Ascètes (1) ou Hermites.
Bientôt le besoin instinctif de sociabilité , celui de
s'aider fraternellement, de se communiquer ses idées,
firent que les cellules éparses se rapprochèrent. Ils
pensèrent bientôt à vivre dans une demeure commune,
on leur donna alors le nom de *moines* et leur habitation
prit celui de *cœnobium.*

Les solitaires parurent d'abord en Orient , en

---

(1) Hommes livrés aux exercices de la vie spirituelle. Leur
sépulture était l'endroit ou la mort les surprenait, soit en chan-
tant les louanges de Dieu, soit en promenant leurs méditations
sur les montagnes.

Egypte, sur les bords de la Mer-Morte, sur le Jourdain; ils peuplèrent ensuite la Thébaïde et l'Asie; ils ne tardèrent pas à venir en Europe et ils s'y multiplièrent sans retard.

En Orient, ils eurent d'abord pour guides saint Macaire, saint Antoine et saint Hilarion. Saint Pacôme leur donna les premières institutions; puis au IVᵉ siècle, ils se rangèrent à la règle de saint Basile. Dans l'Occident, ils se réunirent sous la conduite de saint Athanase, de saint Ambroise, de saint Honorat, de saint Martin, de saint Hilaire et adoptèrent les règles de saint Colomban et de saint Ferréol. Au VIᵉ siècle, saint Benoit donna la sienne en Italie; elle se répandit bientôt dans l'Occident et devint presque la seule qui fut pratiquée pendant longtemps. L'étude des sciences, des lettres et des arts, que cette règle admettait, contribua à amasser, à recueillir, à conserver les trésors de l'intelligence humaine.

Dans le XIᵉ siècle, naquirent les ordres de Citeaux, de Cluny, les chanoines réguliers de saint Augustin, les Chartreux et les ordres de chevalerie qui se consacrèrent à la défense des lieux saints et à la protection du tombeau de Jésus-Christ.

Au XIIIᵉ siècle, saint François d'Assises créa les Franciscains ou frères Mineurs, qui se divisèrent ensuite en Capucins, Cordeliers, Conventuels, Observantins, Récollets. Saint Dominique établit les frères prêcheurs, Dominicains ou Jacobins. Sous saint Louis, les

Carmes vinrent du Mont-Carmel se multiplier en Occident. Au XVᵉ siècle , les Minimes complétèrent avec les quatre ordres précédents ce que l'on nommait les religieux mendiants.

Jean de Matha créa au XIIIᵉ siècle, les Mathurins.ou Trinitaires , frères de la rédemption des captifs ; et à la même époque le pape Célestin V , établit les Célestins.

Plus tard se créèrent les Calmaldules , les Trappistes , les Barnabites , les Jésuites , les Feuillants , les Oratoriens, les Prémontrés, etc.

Les ordres de femmes vinrent aussi dans ces temps, tels que les Bénédictines, Augustines, Dominicaines , Carmélites, Capucines, Urselines, Béguines, etc.

Jusqu'au moment de la révolution de 1790 , presque tous ces ordres des deux sexes existèrent en France et dans nos contrées du Nord , et quelques-uns y acquirent une grande célébrité. Ils en disparurent alors et n'y revinrent en partie que depuis 1814 , car aucun ne se rétablit après le Concordat de 1804 , du moins légalement (1).

_____

(1) Les monastères ont été supprimés par le décret de l'Assemblée Nationale du 13 février 1790. Ce décret eut force de loi jusqu'en 1815.

ABBAYE DE MARCHIENNES.

Le monastère de Marchiennes fut fondé en 643 , par Adalbald , frère d'Erchenvald, maire du Palais de Neustrie. Il fut dédié à saint Pierre et à saint Paul , par saint Amand et saint Aubert, le 29 octobre 653 (1). On y plaça d'abord des religieux qui suivirent l'institut de saint Colomban ; mais en 675, sainte Rictrude, veuve du fondateur, s'y étant retirée avec ses filles , y introduisit des religieuses dont elle fut la première abbesse , et Marchiennes devint une maison religieuse des deux sexes (2). Dans la suite on n'y conserva que quelques prêtres. Les abbesses , maîtresses absolues , aliénèrent les biens de l'abbaye et les religieuses menèrent une vie si scandaleuse , que Bauduin V dit le Barbu, comte de Flandre , se vit obligé de les expulser et d'établir en leur place, l'an 1028 , des religieux

---

(1) Le P. l'Hermite attribue à saint Amand la fondation de l'abbaye de Marchiennes et dit qu'il lui donna saint Jonat pour premier abbé.

(2) L'épitaphe de sainte Rictrude se trouvait dans l'église de l'abbaye de Marchiennes. Elle est reproduite dans le Ms. de la bibliothèque de Douai, portant le n° 323.

bénédictins, sous la conduite du célèbre Leduin, abbé de St-Vaast, à qui il fit restituer tous les biens de la maison. L'abbaye de Marchiennes continua à être administrée selon la règle de saint Benoit, par des abbés élus jusqu'en 1703. Elle fut donnée alors au cardinal de Médicis et ensuite aux cardinaux de Janson et Ottoboni ; elle rentra dans la règle vers 1715. Depuis ce temps, l'abbaye de Marchiennes s'est soutenue avec honneur jusqu'à sa suppression en 1790.

Des écrivains respectables ont répété successivement que l'abbaye de Marchiennes et quelques autres de l'évêché de Tournai avaient été cédées à celui d'Arras, par Gislebert, premier évêque de Tournai et abbé de St-Amand, mort le 23 mai 1783, en échange de celle de St-Martin de St-Amand, qui était du diocèse d'Arras. Ces historiens me semblent être dans l'erreur : l'échange ne peut jamais avoir eu lieu contre Marchiennes, qui, placé au milieu de l'inondation de la Scarpe, comme le prouvent les titres les plus anciens, était par conséquent aussi déjà de l'évêché d'Arras.

L'abbaye de Marchiennes avait comme toutes les autres des *avoués* ou protecteurs. Le premier de cette maison fût le comte de Flandre Bauduin, dit de Lille, en 1038. Le roi de France, Philippe-le-Bel, l'était en 1297.

Les religieux de Marchiennes prétendaient avoir possédé autrefois la seigneurie d'Orchies, mais cette prétention n'est appuyée par aucun titre (1). Cependant elle pouvait ne pas être sans fondement , si l'on s'en rapporte à une décision du comte de Flandre Guy, datée du 14 septembre 1283 , qui mettait fin à une contestation entre les habitants d'Orchies et les abbesses de Marchiennes ; on y lit : « Si un bourgeois ou » une bourgeoise de la ville d'Orchies commet quel- » que méfait dans la justice de l'église de Marchien- » nes , d'où il puisse résulter une amende et que la » justice ait mis la main sur lui en disant : *je vous ar-* » *rête* , je veux que le malfaiteur trouvant moyen de » s'évader soit ramené par mon Bailli dans l'endroit » où il a malfait et que l'abbaye le juge. Et s'il trouve » encore moyen de s'échapper, la justice de l'abbaye » pourra le chercher et le faire prendre dans toute » l'étendue de la mairie d'Orchies (2). »

Le monastère fut détruit deux fois par les Normands, d'abord en 851 et ensuite en 879.

Philippe d'Alsace , comte de Flandre, par lettres de 1170 du 6 des kalendes de mai , confirme à l'abbaye de Marchiennes ses biens , priviléges et juridictions. Cette confirmation fut faite de nouveau en décembre 1239 , par le comte Thomas et la comtesse Jeanne sa femme, et au mois de septembre 1246 par la comtesse Marguerite (3).

---

(1) Froissart et Buzelin.
(2) Chambre des Comptes de Lille.
(3) Table chronologique des archives de Douai, n° 9.

Au mois d'août 1340 , tandis que les Anglais faisaient le siége de Tournai , Guillaume , comte de Hainaut , leur allié , voulut attaquer la petite ville de Marchiennes , pensant s'en rendre maître d'emblée. Aymeric de Vervalle qui y commandait était prêt à le recevoir. Aidé d'une grande partie des arbalétriers de Douai, il avait établi de bons retranchements et creusé de larges fossés à la porte , par laquelle il devait être attaqué. Les Hennuyers firent d'abord , sans succès , les plus grands efforts pour la forcer , mais pendant que la garnison et les religieux eux-mêmes combattaient vigoureusement en cet endroit, une partie des ennemis passa la Scarpe sur des bateaux et s'empara de l'abbaye. Obligés de faire face de deux côtés , les assiégés furent défaits ; Vervalle périt dans le combat, et avec lui la garnison et un grand nombre de religieux. Marchiennes et l'abbaye furent brûlés , pillés et mis à sac (1).

Les hérétiques ou *gueux* , ainsi se nommaient alors les protestants, en 1566, détruisirent tout l'intérieur de l'église de l'abbaye de Marchiennes et pillèrent la maison ; ils furent repoussés par Féry de Guyon, ainsi qu'on le verra dans la notice sur l'abbaye d'Anchin ; une grande partie se noya, le reste fut entièrement défait par Robert de Longueval, seigneur de Zittard.

L'historien Raphael de Beauchamps, théologien pro-

(1) Chambre des Comptes de Lille.

fond, habile prédicateur, écrivain exact et laborieux, appartenait à l'abbaye de Marchiennes.

On a dit que saint Amand était mort dans cette abbaye.

Cinquante-sept abbés ou ab!esses ont régi le monastère de Marchiennes, Alexis Lallart fut le dernier (1).

En 1566, le monastère de Marchiennes avait fait construire à Douai, vis-à-vis le collége d'Anchin (aujourd'hui le lycée), sur l'emplacement qu'occupent les casernes, un beau collége que l'on nomma collége de Marchiennes. On y enseignait spécialement la philosophie. Cet établissement fut érigé sous l'habile administration de l'abbé Arnould Gantois, dit le Cambe; il fut transformé en caserne, lorsque Louis XIV fit la conquête de la Flandre.

L'abbaye de Marchiennes avait, pendant longtemps, entretenu avec la Collégiale de St-Pierre de Douai des relations très intimes; mais cet accord cessa à l'époque où la Collégiale voulut rebâtir son église.

St-Pierre eut alors la singulière prétention de réunir à lui partie des propriétés de Marchiennes. Des mémoires violents furent imprimés de part et d'autres; celui de Marchiennes, signé *Le Barbier*, *avocat* de l'abbaye, est le plus virulent. « On ne justifiera, y » lit-on, jamais que la Collégiale de St-Pierre soit de » fondation royale. L'institution de cette église est

---

(1) On en trouva la nomenclature dans le n° 855 des Mss. de la bibliothèque de Douai.

» incertaine et inconnue ; il n'y a aucun monument
» qui puisse en faire connaître ni le fondateur , ni
» l'année de la fondation. » *Tantœne animis !*

L'abbaye de Marchiennes jouissait de grands priviléges , et ses prétentions , à cet égard , étaient telles
qu'elle eut plusieurs conflits avec la ville de Douai.
Le plus ancien, dont il nous soit resté mention, est celui relatif au droit de pêche dans la Scarpe. Ce point
fut réglé en 1288 , par des arbitres juges. Il fut reconnu que la juridiction de l'abbaye s'étendait à l'ouest
jusqu'à un endroit dit le *Coude du Gascon* sur le bord
du territoire de Lallaing, et le 29 mai 1288 une borne
en pierre, de 16 pieds de long et de trois pieds de large,
y fut posée pour indiquer la séparation des deux juridictions. Cette borne fut nommée le Keviron (1).

Cette abbaye ne possédait , en 1790, qu'un revenu
de 70,000 livres ; mais son trésor et surtout sa bibliothèque étaient des plus riches. Ses bâtiments étaient
d'une grande magnificence. Voici ce qu'en écrivaient,
dans leur voyage littéraire , les deux savants bénédictins dom Martene et dom Durand en 1718.

« M. Le Prieur donna ordre qu'on nous ouvrit la
» bibliothèque. Nous y trouvâmes un assez bon nom-
» bre de très beaux manuscrits ; car sans parler des
» ouvrages de saint Augustin , de saint Grégoire , de

---

(1) L'acte se trouve dans le Mss. de la bibliothèque de Douai ,
portant le n° 295. « *Antiquia nota de Jure piscationis scarpum
fluvium.*

» Sidoine Appolinaire, d'Alcuin, de saint Anselme, de
» saint Bernard, parmi lesquels on trouve la lettre aux
» chartreux du Mont-de-Dieu, sous le nom de ce
» saint ; sans parler d'une très belle collection de con-
» ciles et de lettres des papes en deux gros volumes,
» nous y vîmes un très beau Joseph, écrit avec grand
» soin, aussi bien qu'un Papias, et quelques historiens
» des guerres de la Terre-Sainte, etc.

» Disons maintenant un petit mot de l'église de
» Marchiennes. Elle passe avec justice pour une très
» belle église, mais le chœur et surtout le sanctuaire
» se font admirer par leur travail et leurs beaux orne-
» ments. Toute la voûte est dorée, l'autel est tout
» simple, mais cette simplicité le rend plus vénérable.
» D'un côté, quatre colonnes de cuivre soutiennent la
» châsse de saint Jonat, premier abbé du monastère,
» ét quatre de l'autre côté ; une autre châsse pleine
» de plusieurs reliques. Le Saint-Sacrement est sus-
» pendu au milieu et soutenu par une colonne de cui-
» vre ; l'aigle où l'on chante l'évangile dans le sanc-
» tuaire est aussi de cuivre, il est un peu élevé, et on
» monte par trois degrés dans une espèce de petite
» tribune, lorsqu'on y chante l'évangile. Le candélabre
» de cuivre qui est à l'entrée du sanctuaire, soit pour
» sa grandeur, soit pour son travail, ne le cède guère
» au beau candélabre de saint Remy de Reims, contre
» lequel saint Bernard a autrefois déclamé. Le tom-
» beau de sainte Rictrude, en dehors du chœur, est
» orné d'une très belle cuivrerie.

» Les reliques de la sainte sont conservées dans le
» thrésor , aussi bien que celles de sainte Eusébie.
» Elles sont renfermées dans deux riches châsses d'ar-
» gent , ornées d'agathe et de plusieurs autres pierres
» précieuses, ouvrage incomparable de Jacques Coëne,
» abbé régulier de Marchiennes, qui assista au Concile
» de Trente , et qu'on regarde avec justice comme le
» restaurateur du monastère , puisque tout ce qu'il y
» a de grand et de beau vient de lui : église , orne-
» ments, argenterie, cuivrerie, cloîtres, édifices , tout
» est de lui.

» Le cloître répond à la magnificence de l'église. Il
» est voûté et vitré. La voûte est dorée et les vitres
» sont peintes. Ces peintures nous représentent la vie
» de Notre Seigneur.

» Je ne dois pas oublier qu'entre les raretés qui
» sont dans le thrésor , on y conserve une très belle
» croisée donnée par saint Thomas de Cantorbie où il
» y a plusieurs pierres précieuses , entre autres une
» agathe d'une grosseur prodigieuse , la chasuble du
» saint et un ostensoir en cristal en forme de croix
» pour exposer le Saint-Sacrement. »

Pontus Payen , parlait ainsi dans ses mémoires de
l'église de l'abbaye de Marchiennes : « Cette église ,
» selon mon jugement , mérite d'estre mise au rang
» des plus belles de notre Gaule-Belgique à cause des
» voûtes ingénieuses admirées par les architectes. »

Une portion importante des archives de l'abbaye de

Marchiennes reposait, depuis 1790, au greffe de la
Cour de Douai. En 1840, M. Le Glay, archiviste général du département, les réclama pour le riche dépôt,
confié à sa garde, et l'autorité fit droit à cette récla-
mation.

Une partie des manuscrits de l'abbaye de Marchiennes se trouve à la Bibliothèque de la ville de Douai et
entre autres un *Officia propria* bien remarquable et
duquel nous extrayons l'hymne suivant d'une excellente latinité et que nous n'avons rencontré en aucun
autre ouvrage :

HYMNUS AD MATUTINAM.

Nomen Jesus magnificum
In aure dulce canticum ,
In ore mel mirificum ,
In corde nectar cœlicum.
Nil canitur suavius
Nil auditur jucundius ,
Nil cogitatur dulcius,
Quam Jesus Dei filius.

Hoc nomen ardet dulciter
Et dulcescit mirabiliter
Sapit delectabiliter.
O beatum incendium ,
O ardens desiderium ,
O Dulce refrigerium ,
Excedit omnes gaudium
Jesus redemptor optime

Spes suspirantis animæ,
Pelleus nubem tristitiæ
Nobis da lucem gloriæ :
Tibi Jesu sit gloria
Honor, virtus, victoria
Salus, decus, imperium
Et nunc in perpetuum.

Amen !

M. Alexandre Faidherbe a publié une bonne notice historique sur Marchiennes.

Le répertoire des titres de l'abbaye de Marchiennes se trouve manuscrit à la bibliothèque de Douai, sous le n° 936.

Un beau cartulaire de cette abbaye, de 412 pages, écriture du XIIIe siècle, repose aux archives du département du Nord ; il contient une grande quantité de chartes et de diplômes manuscrits de hauts personnages, papes, empereurs, souverains, etc.

ABBAYE D'ANCHIN.

L'excellente *Histoire de l'Abbaye d'Anchin*, que nous devons à Escalier, étant aussi compléte que possible, nous nous bornerons à donner ici un précis très abrégé sur ce célèbre monastère.

La Scarpe et deux bras du ruisseau dit l'Ecaillon, formaient un îlot que l'on avait appelé Anchin (*a qui cinctum*) et sur lequel fut établie l'abbaye d'hommes de l'ordre de saint Benoit, dite de *Saint-Sauveur*.

Le monastère d'Anchin fut fondé en 1077 par Wautier (1), seigneur de *Montigny, Pecquencourt et Auberchicourt*, issu, a-t-on dit, d'un châtelain de Douai, et par Sicher, seigneur de *Loos* et de *Courcelles* (2). Anchin acquit sa renommée, autant par la régularité de sa discipline que par les hommes supérieurs qu'il produisit.

L'église d'Anchin se trouvant trop petite, à cause de l'affluence des fidèles qui s'y portait, l'abbé Simon se détermina à en bâtir une plus grande, et le 2 mars

---

(1) On a nommé ce seigneur *Gaultier*, d'autres *Walter*.
(2) Ce gentilhomme dans quelques actes est appelé *Sohier*.

1181 , cent trois ans après la construction de la première , Bauduin V , dit le Courageux , comte de Haynaut , accompagné d'un grand nombre de chevaliers , écuyers et gentilhommes , en posa la première pierre. Les religieux y officièrent en 1203 , mais elle ne fut achevée qu'en 1218. Cette église avait *quatre clochers,* aussi appelait-on quelquefois Anchin , les *quatre clochers.* Deux de ces clochers étaient *sans cloches* , de là le proverbe :

> Anchin quatre clochers,
> *Deux cents* cloches.

Sicher , l'un des fondateurs , avait donné à l'abbaye la part qu'il avait dans le tonlieu de Douai. Les religieux vendirent cette part afin de pourvoir aux dépenses de cette reconstruction et pour affranchir leurs hôtes de certains droits (1).

L'abbaye d'Anchin , n'ayant pour toute défense que les eaux qui l'entouraient, fût souvent menacée de pillage ; elle eût , au moment des troubles religieux , qu'amena la réforme , de grandes obligations à son bailli Féry de Guyon (2), et lui dût la conservation de ses trésors et de son riche mobilier. Déjà les partisans de la Réforme, que l'on nommait les *gueux* , avaient

(1) On nommait *hôtes* les sujets d'une seigneurie féodale.

(2) Féry de Guyon était né dans le comté de Bourgogne en 1507. Il est mort d'apoplexie à Pecquencourt vers 1571. Il a laissé des mémoires , imprimés pour la première fois à Tournay en 1604.

pillé St-Amand , Vicôgne , Hasnon et se trouvaient à Marchiennes ; Fery , qui avait vieilli dans les camps , rassembla les paysans des villages voisins , se mit à leur tête , attaqua les réformistes pillards , en tua une partie , et mit les autres en fuite. Le même jour , 25 août 1566 , leurs débris furent taillés en pièces , dans les environs de Tilloy et de Brillon , par Robert de Longueval.

Nos historiens semblent avoir ignoré pourquoi l'îlot d'Anchin , enclavé dans le Hainaut et la Flandre , à deux ou trois lieux des limites de l'Artois , se trouvait faire partie de cette dernière province. De Lère se contente d'observer qu'Anchin était du diocèse et du comté d'Artois , et Sueyro dit seulement qu'avec le temps Anchin fit partie du comté d'Artois; mais on voit par des lettres de Gérard , évêque d'Arras et de Cambrai , de l'an 1079 , que Wautier et Sicher s'adressèrent à Anselme de Ribemont pour obtenir de lui le terrain d'Anchin et que ce seigneur remit à l'évêque l'île d'Anchin , le marais contigu et le village de Vred qu'il tenait de lui en fief (1). Ainsi Gérard était le

---

(1) Fief en latin moderne *feodum* (du saxon *fee* , salaire et *od* propriété) d'ou *féodalité* et *feudataire*. On désignait par ce mot la terre donnée à titre de récompense par un chef germain ou franc aux guerriers de sa bande , qui l'avaient suivi dans les combats. C'est dans une charte de Charles-le-Gros, en 884, que le mot *fief* est employé pour la première fois, afin de désigner ces sortes de concessions, que jusqu'au IXᵉ siècle on avait appelés *benefici beneficium*. On distinguait les fiefs en *grands fiefs* ou *pairies* féo-

suzerain de cette terre, et il l'était à titre d'évêque d'Arras, puisque cet évêché seul s'étendait sur l'Ostrevant. Alors les châtelains de Valenciennes, le comte de Flandre et celui du Hainaut occupaient l'Ostrevant ; aucun d'eux ne reconnaissait de seigneur suzerain, et l'évêque d'Arras jouissait du même droit. Aussi n'est-il parlé, dans les lettres de Gérard, ou dans tout autre titre, ni d'autorisation, ni de confirmation, d'aucun acte de vassalité, envers qui que ce soit, relativement à Anchin. Cette maison devait donc reconnaître l'évêque d'Arras pour son supérieur au temporel, ainsi qu'au spirituel ; et celui-ci, lorsque les choses rentrèrent dans l'ordre, a dû restituer la souveraineté au comte d'Artois, à qui la garde de l'abbaye d'Anchin avait passé, du consentement des rois de France, peu après, par un concordait fait en 1295, entre l'abbé Evrard et Robert, comte d'Artois. Depuis ce temps le ressort d'Anchin n'a jamais été contesté, et ses abbés ont toujours été appelés aux Etats d'Artois comme membres de cette province.

Selon Le Carpentier, historien du Cambrésis, un tournoi aurait eu lieu à Anchin en 1096 ; trois cents chevaliers s'y seraient réunis et engagés à se rendre en

---

dales, en *fiefs* simples, qui relevaient de la couronne, en *arrièrefiefs* dont les possesseurs ne relevaient qu'indirectement de la couronne et dépendaient d'un seigneur qui lui-même était feudataire et soumis au suzerain puissant. Le nombre des fiefs varia en France d'une manière infinie.

Asie pour y combattre en faveur de la croix. Le président du tournoi aurait été Bauduin II, comte du Hainaut, qui plus tard s'étant croisé, fut surnommé de *Jérusalem*. Les évêques d'Arras, de Cambrai et de Noyon, les abbés d'Hasnon, de Crépin et d'Anchin auraient assisté à ce tournoi. Carpentier en a même rapporté l'acte dans les preuves de son histoire du Cambrésis. Nous avons donné la traduction de cet acte dans les *Petites Histoires de Flandre et d'Artois*. Cette traduction a été depuis plusieurs fois reproduite, entre autres par MM. Arthur Dinaux et Roger (1). Mais l'existence de ce tournoi est aujourd'hui fort contestée par des écrivains sérieux. Pourquoi les savants bénédictins, se demande-t-on, qui donnent tant de détails sur l'abbaye d'Anchin, qui signalent ses principaux manuscrits; pourquoi l'historien François de Bar, le savant prieur d'Anchin, qui vivait et écrivait dans l'abbaye même, n'en auraient-ils pas parlé? Sans nous prononcer sur le plus ou moins d'authenticité de cet acte, nous croyons, cependant, devoir rapporter ce que nous avons rencontré dans un manuscrit du XVIIIe siècle, relativement à lui.

« Cet acte était encore à l'abbaye d'Anchin du temps
» de Carpentier, qui le fit imprimer à la suite de son
» *Histoire de Cambrai*. C'est d'après cet ouvrage que
» Foppens l'a pris pour l'insérer dans son supplément

---

(1) *Archives du nord de la France*, décembre 1847. — *Archives de Picardie et d'Artois*, t. 2, p. 265.

» au recueil de Mirœus (Mir. 2, 1144.) Il passa des
» archives de ce monastère dans la bibliothèque des
» Jésuites de Douai, qui tenaient leur collége de l'ab-
» baye d'Anchin. On ignore depuis longtemps ce que
» cet acte est devenu. L'on a prétendu que les Jésuites
» l'avaient brûlé pour faire leur cour aux familles no-
» bles des pays qui ont fourni des combattants au
» tournoi d'Anchin, et qui en étant indigènes, étaient
» fâchés de n'y pas trouver leur nom ; mais il est plus
» naturel de penser que ce titre n'ayant pas pour les
» Jésuites, d'ailleurs très peu diplomates (1), le même
» intérêt que pour les moines d'Anchin, la négligence
» est cause de sa perte ; s'il n'a pas passé dans les
» mains de quelques curieux, amis de la Société. »

En 1568, Jean Lentailleur, abbé d'Anchin, fit
construire à Douai, rue des Ecoles, un vaste et beau
collége qu'il donna aux Jésuites. Cet établissement,
par l'expulsion des Jésuites, passa aux séculiers ; ses
bâtiments reconstruits sont maintenant affectés au
Lycée impérial.

Au commencement de 1712, le prince Eugène avait
son quartier-général à Anchin.

Cette maison a compté 47 abbés dont 5 commandataires, quelques-uns sont devenus évêques et archevêques ; les cardinaux d'Estrées, de Polignac (2),

---

(1) Le sens de *diplomate* est ici pris comme peu versés dans la
diplomatique.

(2) C'est à Anchin, assure-t-on, que le cardinal de Polignac écrivit son *Anti-Lucrèce.*

d'Auvergne et d'Yorck, fils de Jacques II d'Angleterre,
le prince de Modène furent ses commandataires.

Entre les écrivains qu'a eus cette maison, nous
citerons l'auteur de l'*Iter Jerosolymitanum*.

Cette belle abbaye est tombée sous le marteau révolutionnaire. Sa précieuse bibliothèque a enrichi celle de
la ville de Douai, et le magnifique buffet d'orgues qui
décorait son église est celui que l'on voit aujourd'hui
dans celle de St-Pierre de Douai.

Le territoire d'Anchin fait partie de la commune de
Pecquencourt. On y a bâti une jolie maison de plaisance, qui est maintenant la propriété de M. Boduin
de Valenciennes.

Le beau tableau à volets attribué à Hemling, et
donné à l'église de Notre-Dame de Douai, par le docteur Escalier, provient de l'abbaye d'Anchin.

Nous pensons que l'on trouvera ici avec plaisir,
comme complément de cet article, ce qu'en ont écrit,
dans leur *Voyage littéraire*, les savants Bénédictins
Martenne et Durand.

« ..... Lorsque l'on entre à Anchin, on est d'abord
» frappé de la grandeur de la maison : la première
» chose que nous y vîmes, fût l'église, qui nous parut
» très belle. Elle a 355 pieds de longueur, 83 de lar-
» geur et autant de hauteur. Les décorations répon-
» dent à sa grandeur. La nef est ornée de plusieurs
» grands tableaux qui sont à chaque pilier. Le chœur
» est majestueux et l'autel est très riche ; le retable,

» où nos principaux mystères sont représentés, est
» de vermeil doré et orné de pierres précieuses. La
» croix, qui est au moins de six pieds de hauteur, est
» d'argent, le tabernacle qui, selon la coutume des
» Pays-Bas est à côté de l'autel, est de marbre. Il est
» fait en forme de pyramide qui s'élève presque jus-
» qu'à la voûte, d'un très grand travail....On y mon-
» tre une chasuble de saint Thomas de Cantorbéry et
» une autre qui a été donnée par saint Louis. Le thré-
» sor répondait autrefois à la grandeur de l'édifice (1).
» Le cloître est le plus beau que nous ayons vu, soit
» par sa longueur, soit par sa largeur, soit pour les
» décorations. Il est vitré, selon la coutume des Pays-
» Bas, et les vitres sont peintes du côté de l'Eglise,
» mais avec des couleurs très vives.

» La bibliothèque est excellente et une des meilleu-
» res qui soit dans les Bays-Bas. Les grands hommes
» qui ont fleuri à Anchin n'ont pas peu contribué à la
» rendre bonne. Dans le siècle passé (le XVIIe), Fran-
» çois de Bar et Jean Despierre, tous deux grands
» prieurs du monastère, se sont rendus recomman-
» dables par leurs ouvrages (2). Le dernier surtout
» passait pour le plus habile mathématicien de son

---

(1) Ce trésor avait été pillé par Balagny et transporté à Cambrai.

(2) Les manuscrits de François de Bar se trouvent à la bibliothèque de Douai. — Les ouvrages de Jean Despierre ont été imprimés à Douai chez B. Bellère et chez la ve Pierre Auroy. (V.
Bibl. Douais.)

» temps. Mais les grandes richesses de cette bibliothè-
» que consistent principalement dans les manuscrits ;
» en quoi il y a très peu de bibliothèques en province
» qui lui soient comparables (1). »

Les archives du département du Nord, à Lille, pos-
sèdent environ 300 titres d'Anchin, 18 registres et 45
liasses.

---

(1) Les savants Bénédictins indiquent ensuite les principaux
manuscrits ; la plupart heureusement sont de nos jours à la
bibliothèque de Douai.

ABBAYE DE FLINES.

Près d'Orchies il existait une abbaye de filles nommée l'honneur de Notre-Dame (*honor Beatæ Mariæ*).
En 1234, Marguerite de Dampierre, comtesse de Flandre, la fit établir sur le territoire de Flines ; cette
maison appartenait à l'ordre de Cîteaux (1).

Les Dames de Flines firent exécuter des travaux
importants pour le desséchement et l'assainissement
de ce village et des environs. Elles obtinrent de Gilles,
abbé de Marchiennes, la permission de faire creuser à
leurs frais des fossés pour l'écoulement des eaux mal-
saines et stagnantes. Comme par suite de ce travail,
une partie de cette commune se trouvait privée d'eau,
elles sollicitèrent de Guillaume de St-Simon, seigneur
de Raches, l'autorisation de détourner la petite rivière
du Boulenrieu nommée aussi la *Noire Eau*, et de la
conduire dans les fossés et les étangs de l'abbaye ; ce
qui procura des eaux vives à ce quartier. Ces eaux ne

---

(1) Selon Cousin, *Fundationis*, etc., p. 8. Le terrain sur lequel
se trouvait le monastère d'Orchies se nommait de son temps
Théomolin.

suffisant pas , l'abbaye de Flines acheta le 20 octobre 1520 , de St-Pierre , de Belleforière , le droit de les augmenter de celles de l'Escrebieux qui coulaient dans la Scarpe , au-dessous et au couchant du pont de Raches.

Dans l'église de l'abbaye de Flines avaient été enterrés plusieurs personnages illustres , entr'autres Guillaume et Marie, Guy et Marguerite de Dampierre; —la comtesse de Flandre Mahaut, épouse de Guy ;— Blanche, fille du roi de Sicile, épouse du comte Robert; —un évêque de Cambrai, Guillaume de Flandre ;—un de Liège, Jean de Flandre etc.

Ce monastère a compté 27 abbesses ; la dernière fut Sabine du Chastel de la Hovarderie (1).

On guérissait à l'abbaye de Flines de la rage ou plutôt par des pratiques propres à tranquilliser les imaginations, on empêchait le développement de cette cruelle maladie. Voici d'après Buzelin , le traitement qu'on y faisait suivre (2) :

« On donnait au malade un clou neuf , qui avait
» touché aux reliques de saint Hubert. Avec ce clou
» on faisait sortir de la plaie , si la morsure en avait
» occasionné une, quelques gouttes de sang , pendant
» neuf jours de suite. Le neuvième jour , on cachait

---

(1) On trouve la nomenclature des abbesses de Flines dans le Ms. de la bibliothèque de Douai, n° 855.

(2) *Gallo-Flandria*, p. 279.

» le clou dans un lieu quelconque , ou personne ne
» pouvait le trouver. Le malade ne devait, durant ces
» neuf jours , changer de chemise , de draps , ni se
» servir de peigne, ni de miroir ; ne point manger de
» lard , ni de pain cuit le même jour ; ne toucher ni
» aux aromates, ni aux poissons sans écailles ; ni aux
» ails, aux oignons, aux poireaux, et à tout ce qui peut
» rendre l'haleine forte. Il devait boire seul , dans un
» gobelet, coucher seul, s'abstenir de la danse et des
» amusements semblables , et ne manger de la tête
» d'aucun animal. »

La belle église de l'abbaye de Flines avait quatre
chapelles ; elles étaient consacrées à saint Antoine , à
saint Hubert , à saint Philippe et saint Jacques , à la
Sainte-Trinité.

Le 12 août 1789 , huit à neuf cents paysans , armés se présentèrent pour attaquer l'abbaye de Flines.
Le comte de Rancé, marcha de Douai sur eux à la tête
d'un petit détachement et tâcha de les détourner de ce
projet, en leur disant que l'abbesse était disposée à
leur accorder ce qu'ils demandaient. Les paysans répon-
dirent par des coups de fusil. Quelques soldats furent
tués et M. de Rancé eut son chapeau traversé d'une
balle. Il ordonna alors à sa troupe de se défendre ; en
moins de vingt minutes les paysans furent dispersés ,
une vingtaine restèrent sur la place ; plusieurs furent
arrêtés et pendus.

L'abbaye de Flines fut vendue lors de la révolution,

et sur une partie de son emplacement s'est élevée une ferme et plusieurs constructions.

On trouve de l'abbaye de Flines, à la Bibliothèque de Douai, les manuscrits ci-après. Sous le n° 195, *Antiphonale Flinense cum cantu* ; sous le n° 597, *Regula S^{ti} Benedicti cum necrologio monialium Flinensis abbatiæ juxta Duacum a tempore fundationis ejus.*

Un beau cartulaire de cette abbaye, en deux volumes in-folio maximo, sur beau vélin, repose aux archives du département du Nord.

PAROISSES DE DOUAI.

NOTRE-DAME.

Douai, au commencement du XIIe siècle, ne possédait que deux églises paroissiales, St-Amé et St-Pierre, ainsi que nous l'avons dit. En 1225 la paroisse de St-Pierre s'était considérablement accrue, et le curé de cette église ne pouvait plus suffire à tous les besoins spirituels de son service. Sur la demande de Jacques de Dinant, évêque d'Arras, le chapitre de la Collégiale de St-Pierre se détermina à former la paroisse Notre-Dame de la partie de son territoire, sise *hors des murs* de la ville, vers l'est. Cette Collégiale assigna des fonds pour la dotation de la cure nouvelle, se réservant le droit d'y nommer, sur la présentation qui lui en serait faite par l'évêque d'Arras. Ces dispositions reçurent l'approbation de ce prélat, par lettres du mois d'octobre 1257.

La nouvelle paroisse fût consacrée à la Sainte-Vierge

et sa fête principale fixée au 25 mars, jour de l'Annonciation. Il y avait pour la desservir un curé, deux chapelains et un clerc.

Le presbytère était situé à l'est de l'église, sur l'emplacement du rempart actuel. On le démolit plus tard pour la construction du principal mur d'enceinte de la place, et le curé fut logé vis-à-vis l'entrée de l'église, à l'ouest du cimetière, aujourd'hui la terrasse.

Au XIV° siècle l'église de Notre-Dame avait trois nefs larges et non voûtées et des chapelles spacieuses ; la croisée et le chœur étaient voûtées, le maître autel était en pierre et en jaspe. On y voyait représentés tous les mystères de la Vierge, partie en bas-relief, partie en ronde bosse. La paroisse avait déjà une confrérie du Saint-Sacrement et une des Trépassés.

Vers 1330, des jeunes gens de Douai, qui avaient fait leurs études au collége de Sorbonne à Paris, fondèrent dans l'église Notre-Dame une confrérie littéraire, qu'ils nommèrent successivement confrérie des *Ecoliers de Paris*, *des Clercs de Paris*, *des Clercs de Notre-Dame*, *du Puy Notre-Dame*, *de Notre-Dame du Puy de Douai*, et enfin des CLERCS PARISIENS ; non parce que les fondateurs avaient fait leurs études à Paris, comme on l'a écrit, mais *pour ce que les mieux disans, et ceux lesquels goûtent le miel de la langue française prennent la parisienne pour première pour la plus pure de la France.* Cette fondation avait pour but d'entretenir l'émulation de la jeunesse lettrée, d'honorer la Mère de Dieu par des offices à elle consacrés, et par la composition de pièces de vers à sa louange. Le président était renouvelé tous les ans et prenait le titre de prince de la confrérie. Dans les derniers siècles, l'association ne se composait plus que de gens d'église, chanoines, curés, prêtres ou clercs. Les membres portaient sur leur habit canonique, les jours d'assemblée, un collier d'argent orné de décorations et de quelques rangs de perles, au bas duquel pendait une médaille d'or ou de vermeil.

Chaque année, le dimanche après le 15 août, fête de l'Assomption, la confrérie distribuait des couronnes aux auteurs des meilleures pièces de vers, de chants royaux et ballades, composés en l'honneur de la Mère de Jésus. Dans toute pièce présentée, il fallait que *l'ouvrier mariant son chant royal* à celui des *anges*, *fit mention de la Vierge Mère.* Les personnes, appelées à juger du mérite littéraire des ouvrages envoyés au concours, se nommaient censeurs judiciaires. On exposait dans l'église, pour prix, une couronne, un chapeau ou *affiquet* ou une image d'argent pour être distribués, les deux premiers aux *meilleurs ouvriers* d'un chant royal et la troisième à l'auteur de la *ballade la mieux façonnée.* Les couronnes imitaient les branches de laurier et des fleurs ; celui qui avait été assez heureux pour remporter la couronne trois fois (en *nombre ternaire*) prenait le titre de poète *lauré.*

A l'avance, les sujets mis au concours étaient pu-

5

bliés et affichés au-dessus du portail de chacune des églises de la ville. « On ne choissisait pas un texte propre à développer la verve , mais une palinodie (1), refrain , véritable protée qui reparaissait à la fin de chaque couplet, martelé par le vérificateur en tout sens. Plus il y avait de jeux de mots puérils , plus on trouvait la pièce ingénieuse et charmante. »

La distribution des prix n'avait pas de jour précis , cependant elle avait ordinairement lieu le dimanche dans l'octave de l'Assomption. La veille, les confrères faisaient chanter une grand'messe du St-Esprit , afin d'obtenir les lumières nécessaires pour porter un jugement sain sur les ouvrages présentés au concours. Le lendemain , il y avait office solennel, messe et vêpres ; à cinq heures commençait la distribution des prix. Une affluence considérable de fidèles se portait à l'église Notre-Dame. On y voyait tous les abbés et prieurs des monastères voisins, les dignitaires des églises, les seigneurs des environs , les professeurs et plus tard tous les membres de l'université. Un membre de la confrérie montait en chaire, lorsque la réunion était complète,

---

(1) La fête qui avait lieu à propos de ce concours, se nommait *Palinod*, des deux mots grecs : *Palin*, de nouveau, et *Odé*, chant ; c'est-à-dire *chant répété* , parce que dans la ballade et le chant royal, le vers qui termine la première stance , doit revenir à la fin de chacune des autres. Il y avait aussi à Rouen une académie fondée en 1486 , en l'honneur de l'Immaculée Conception de la Vierge nommée *Palinod*. Caen et Dieppe eurent plus tard des *Palinods* , à l'exemple de Douai , qui en avait donné l'idée première.

donnait avec solennité lecture du chant royal qui avait obtenu le prix, et le chef des échevins décernait au lauréat la couronne d'argent. Celui qui avait eu l'honneur d'être couronné trois fois, obtenait une entière exemption d'octroi (1).

Le dernier concours fût ouvert en 1778, le lauréat fut M. Legrand de Laleu.

Les biens que cette fondation avait acquis par dons passèrent, en exécution de lettres patentes du mois de mars 1779, aux sœurs de charité, qu'elles établissaient à Douai. Ces lettres avaient été obtenues sur un mémoire dont nous extrayons le passage suivant, parce qu'il donne les raisons de la suppression de la confrérie.

« La confrérie des Clercs Parisiens, établie depuis
» plusieurs siècles dans l'église de Notre-Dame de
» Douai, qui jouit d'un revenu de 600 livres au moins,
» employé à faire chanter chaque année deux grandes
» messes en musique dans l'église Notre-Dame et deux
» obits, employé encore au paiement de trois couronnes
» d'argent qui coûtent ordinairement toutes trois environ 120 livres, lesquelles trois couronnes sont distribuées à ceux qui ont fait les trois meilleures pièces
» de vers en l'honneur de la Vierge, suivant le jugement qu'en portent les confrères ; le surplus du
» revenu est à leur disposition qui l'emploient ordi-

_____

(1) Selon le père Ignace, quelquefois les lauréats montaient en chaire et faisaient eux-mêmes la lecture de leurs poèmes.

» nairement en repas et en présents pour ornemens
» d'église. Quelques recherches que l'on ait faites, on
» ne trouve aucun titre de cette fondation, qui est très
» ancienne, suivant la tradition ; mais il faut convenir
» que ce serait faire un meilleur usage de ces biens
» en les appliquant à l'établissement des sœurs de
» charité, à la charge de deux obits et de deux grandes
» messes. »

Vers 1355 , la paroisse de Notre-Dame fut renfermée à l'est, dans l'enceinte de la ville , par une muraille derrière laquelle coulait un large fossé ; la porte ouverte de ce côté dans la muraille fut nommée la porte *Vaqueresse* (1) et prit plus tard le nom de porte *Notre-Dame.*

L'église Notre-Dame fut le lieu choisi pour l'accomplissement des premières cérémonies de l'Université lors de la fondation de celle-ci en 1562 (2).

Le 31 décembre 1705, le clocher de l'église de Notre-Dame fut abattu par un vent impétueux. Ce clocher était à flèche très aigue. On ne le releva point, seulement on recouvrit le faîte de la partie inférieure , de l'espèce de capuchon qu'on lui voit aujourd'hui. Le cimetière alors était clos de murailles. Le 9 août 1725, la ville ayant pris une certaine partie de ce cimetière

---

(1) *Vaqueresse*, entrée et sortie des vaches.

(2) Voir, Bref recueil et récit de la solennité faite à l'entrée et consécration de l'Université. Impr. par Jacques Boscard, 1563.

pour élargir et rendre plus régulière la rue **Notre-Dame,** paya une indemnité à cette paroisse, qui fit reculer sa clôture. En 1743, on éleva un calvaire, dans une rotonde de ce mur, donnant vis-à-vis la maison des Chartriers, aujourd'hui place de Jemmapes. Ce calvaire fut démoli en 1793 avec la muraille.

Au mois d'octobre 1759, Louis **XV** autorisa les marguillers de cette paroisse à accepter la donation d'un terrain contigu au cimetière pour l'agrandissement de la maison curiale.

Au moment de la révolution on conservait, dans ce que l'on nommait le *trésor* de l'église, deux soleils ou remontrances en vermeil ; la plus belle et la plus riche avait été exécutée en 1633 aux frais de la fabrique. Il y avait dans ce trésor beaucoup d'argenterie, en croix, chandeliers, encensoirs, reliquaires, etc.

La paroisse Notre-Dame avait été supprimée en 1791. L'église fut rendue au culte après la tourmente révolutionnaire et bénite le 28 mai 1803. Cette église devint le siége d'une des trois paroisses établies dans la ville ; elle comprend tout le périmètre du canton sud de Douai, *intra-muros.*

Le 16 avril 1829, à l'heure de l'office, le jeudi, la croix du clocher fut renversée par un coup de vent.

Depuis sa réouverture l'église Notre-Dame a été plusieurs fois restaurée. En 1846 et 1847 on a rétabli le portail. En 1856, l'intérieur a été décoré avec goût, ses croisées ogivales ont été garnies de beaux vitraux

peints, la voûte et le chœur ont été couverts de pein-
ture, l'autel a été richement orné.

On voit à Notre-Dame quelques bons tableaux que
l'on a restaurés en 1847. Par suite de la donation du
docteur Escallier, cette église possède le beau tableau
à volets, provenant de l'abbaye d'Anchin, attribué à
Hemling.

Derrière le maître-autel se trouve le tombeau de
Sasseval de Canteleu.

Quand on contemple l'église de Notre-Dame, lorsqu'on la visite avec recueillement, on se rappelle toujours cette pensée de l'auteur du *Génie du Christianisme* : « On aura beau bâtir des temples grecs bien
» élégants, bien éclairés, le peuple regrettera toujours
» ces *Notre-Dame* de Reims, de Paris et autres... »

La paroisse de Notre-Dame est le décanat du canton
sud de Douai, son curé-doyen est M. Lefebvre, chanoine honoraire de Cambrai.

Nous avons publié en 1858 une *Monographie de
l'église de Notre-Dame.*

SAINT-ALBIN.

L'étendue de cette paroisse réunie aujourd'hui à celle de St-Jacques, dépendait primitivement du Chapitre de St-Amé. Elle fut établie en 1100 par ce Chapitre avec l'approbation de Lambert, évêque d'Arras. Cette paroisse comprenait toute la partie de l'échevinage de Douai, situé sur la rive gauche de la Scarpe, celle du Champ-Fleury, dédiée à sainte Elisabeth ; tout le terrain hors de la ville vers Dorignies jusqu'à l'Escrebieux, confinant aux territoires de Cuincy, de Planques, de Flers, d'Auby, de Roost et de Belleforière(1).

L'église de St-Albin était surmontée d'un clocher qui fut abattu par le vent le 14 janvier 1551. Reconstruit avec élégance en 1553, il fut de nouveau renversé par le canon des alliés dans la nuit du 16 au 17 juin 1710. Elle était ornée de plusieurs tombeaux de divers membres de l'illustre famille de Montmorency et de celui de saint Chrétien, élevé sur quatre colonnes. Ce saint homme était né à Douai dans le XIIIᵉ siècle. En 1800, une vieille masure, qui avait été son lieu de naissance, existait au coin de la rue des Potiers et de St-Benoit. Il était le patron des bateliers (*navieurs*). Le terrain de cette masure fait partie de la demeure de M. Emile Leroy, ancien maire de Douai.

---

(1) Le Fort-de-Scarpe faisait partie de la paroisse de St-Albin.

Parmi les reliques de St-Albin se trouvait la partie supérieure du cráne de saint Luc, évangéliste.

Le Chapitre de St-Amé, par un singulier usage, était en possession d'enterrer le curé et le clerc de la paroisse de St-Albin, et le curé de celle-ci avait le droit d'inhumer tous les ecclésiastiques prêtres ou clercs qui y mouraient, à moins qu'ils ne soient *de gremio* (du giron) du Chapitre ou ses suppôts. Cet usage donna lieu à diverses discussions ; la plus vive eut lieu le 29 septembre 1746, à propos de la mort de M. de Villers, provincial du Séminaire-Brûlé, rue d'Equerchin. Le clergé des deux paroisses se trouva face à face, au lieu mortuaire pour enlever le corps.... Il fallut en référer à l'évêque d'Arras, Mgr François de Baglion de la Salle, qui manda au doyen de St-Amé de ne point troubler le pasteur de St-Albin dans ses fonctions. Celui-ci fit les funérailles ; cependant le corps était resté 48 heures dans l'attente. Le Chapitre de St-Amé protesta contre cette inhumation ; mais l'affaire n'eut pas d'autre suite (1).

En vertu de la loi du 27 avril 1791 , cette paroisse ayant été supprimée , l'église fut fermée le 27 mai suivant et mise à la disposition de l'artillerie. Peu après elle fut vendue par l'Etat et démolie Sur son emplacement et celui de son cimetière se trouvent aujourd'hui des jardins et la fabrique de limes de Prignet et C⁰ᵉ donnant rue des Murs.

---

(1) Mém. du P. Ignace.

SAINT-NICOLAS.

L'accroissement de la population de la paroisse St-Pierre nécessita aussi au commencement du XIIIᵉ siècle l'établissement de la paroisse St-Nicolas. Sur la demande de l'évêque d'Arras, Pontius, le Chapitre de St-Pierre fit construire l'église de St-Nicolas et en forma une paroisse, à laquelle il assigna quelques revevenus, et lui donna la chapelle de Jean de St-Venant, se réservant la nomination à la cure.

Cette église était surmontée d'un beau clocher ; son entrée principale était rue de la Comédie. Elle fut fermée en 1791, vendue peu après par l'Etat et puis ensuite démolie. Son emplacement était celui de la place de St-Nicolas de la salle d'asile, de la cité ouvrière et des demeures portant les nᵒˢ 21 et 23 de la rue de la Comédie.

On admirait dans la chapelle saint Amé de l'église St-Nicolas, un grand et magnifique vitrail aux soixante-quatre quartiers des Montmorency, lequel avait donné à l'église par Nicolas de Montmorency.

Dans l'église de St-Nicolas se trouvait une chapelle, à la collation des échevins, nommé le *Cantuaire Bonnebroque.*

Et dans le cimetière une autre chapelle nommée le *Dieu de Pitié*, qui fut démolie à cause de sa vétusté en octobre 1786.

SAINT-JACQUES.

Au commencement du XIIIe siècle , vu l'accroissement de la population de la paroisse de St-Pierre , son Chapitre décida aussi , sur la demande de Jacques de Dinant , évêque d'Arras , qu'il serait formé une nouvelle paroisse , de la partie de son périmètre qu'on nommait la Neuville, située entre le marais douaisien et le courant du pont St-Jacques. Ce terrain était limité par la paroisse de St-Albin et celle du village de Waziers. L'église fut construite à l'ouest de la belle promenade actuelle , dite place Saint-Jacques , sur l'emplacement d'une ancienne chapelle consacrée à saint Nicaise , que l'on transporta rue du Mont-de-Piété , et sur un terrain donné par un bourgeois de Douai , nommé Jacques Painmouillé. On a dit que la nouvelle paroisse avait été placée sous l'invocation de saint Jacques, à cause du nom du donateur ; on a dit aussi que ce nom lui avait été donné parce que la pensée de sa fondation était due à l'évêque d'Arras Jacques de Dinant. Cette paroisse resta dépendante de St-Pierre ; mais en 1630, le 23 octobre, la Collégiale fit la cession de la cure de St-Jacques à la congrégation des prêtres de l'Oratoire de Jésus de St-Philippe de Néry. En 1790, la cure de St-Jacques appartenait encore aux religieux de l'Oratoire.

M. Primat, mort sénateur, archevêque de Toulouse, prêtre de l'Oratoire, était alors curé de St-Jacques (1).

Avant la révolution, à la procession des *Rogations* faite par la paroisse de St-Jacques, on portait au bout d'une perche un dragon doré, accosté de deux gonfanons carrés longs de soie écarlate ; ce dragon ouvrait la marche de la procession. La croix et les prêtres suivaient, laissant entr'eux et le dragon un intervalle de trois à quatre mètres, que les gens du peuple traverversaient pour être préservés, disaient-ils, de la peste. Cette croyance leur venait du souvenir des différentes épidémies dont la ville avait été atteinte. De 874 à 1670, époque de la dernière, la peste avait exercé ses ravages à Douai *dix-sept* fois. La crédulité populaire confondait cette procession avec celle du *Recordare* (2)

_____

(1) Primat avait reçu le *Pallium* en 1805, des mains de Pie VII.

(2) En 1328, Pierre, évêque d'Arras, puis Pape sous le nom de Clément VI, avait ordonné que l'on chantât la messe du *Recordare* dans son diocèse pour le préserver de la peste. (PLOUVAIN.— *Souvenirs.*)

établie en actions de grâces de la disparution de la peste et fixée pour la paroisse St-Jacques au dernier dimanche d'août et pour les autres paroisses au dimanche suivant. Elle commençait par St-Jacques parce que ses habitans avaient été guéris les premiers du fléau (1).

La terreur que la peste inspirait à Douai s'est longtemps perpétuée. Plus d'un siècle après sa dernière apparition on se figura que l'inoculation la ramenerait dans nos murs et l'aveuglement, à cet égard, était si grand et si général que, le 16 mai 1774, les échevins défendirent d'inoculer la petite vérole dans la ville, sous peine *de* 600 *livres d'amende contre les médecins et chirurgiens et de* 300 *livres pour les parents des inoculés.*

Cependant le jésuite Turien Lefebvre, douaisien, dans un opuscule publié à Douai en 1661, ayant pour titre : *La gloire de saint Roch etc,* avait assuré « *qu'on* » *est trop heureux qu'il arrivat par ci par là une* » *bonne peste, parce que cela servait de purgatoire ici* » *bas.* » Mais son discours n'avait su calmer l'épouvante que causait ce fléau.

Lors de la suppression du culte en 1793, cette église servit d'écurie pour les chevaux de troupe. Par arrêté du 27 avril 1794, elle fut affectée à l'entrepôt des grains destinés à l'approvisionnement de Paris ; l'Etat la vendit en 1798, et elle fut démolie en 1800.

(1) GUILMOT.—*Notes manuscrites.*

L'église St-Jacques possédait quelques bons tableaux et quelques tombes remarquables , entr'autres un beau mausolée en marbre blanc consacré à la mémoire de M. de Pommereuil , mort gouverneur de la ville de Douai (1). Douze apôtres en pierre, d'un travail exquis et deux statues très remarquables représentant le Sauveur et sa divine Mère. Les tombeaux des seigneurs de Beaufort.

Lors du rétablissement du culte l'église des Récollets-Anglais , devint la paroisse St-Jacques actuelle ; elle fut bénite comme telle le 28 mai 1803. Cette église commencée en 1706, a été consacrée en 1712 par l'électeur de Cologne , le cardinal prince Joseph Clément de Bavière.

En 1706 , Louis XIV luttait contre toute l'Europe , lorsque la fortune lui manqua , son allié , Clément de Bavière, électeur de Cologne, fut chassé de ses propres états, par les vainqueurs , il vint chercher un refuge à Lille et se consacra aux autels. Il reçut le sous-diaconat des mains de Fénélon , le diaconat de l'évêque de Tournai ainsi que la prêtrise. Le 1er mai 1707 il fut sacré archevêque par Fénélon et reçut de lui, le 11 juillet, le *Palium* que lui envoyait le Pape.

Elle fut en 1852 et dans les années suivantes res-

---

(1) Il se trouvait dans l'église des Jésuites , avant la suppression de cet ordre.

taurée et agrandie , et reçut de nombreux embellisse-
ments ; elle fut aussi alors surmontée d'un joli clocher.

La paroisse St-Jacques est le décanat du canton
ouest de Douai.

Dans cette église se trouve le chef de saint Chrétien,
qui précédemment était à St-Albin.

MAISONS RELIGIEUSES

DES DEUX SEXES.

LES TEMPLIERS.

Cette institution, célèbre à tant de titres, fut fondée dans le XIIᵉ siècle par Hugues de Payens ou de Paganis, issu de la maison des comtes de Champagne et par d'autres chevaliers français. Germond, patriarche de Jérusalem reçut leurs vœux en 1118 et Bauduin II, empereur de Constantinople et de la Syrie, leur accorda le quartier méridional de son palais, près de l'ancien temple de Jérusalem, d'où ils prirent le nom de frères de la milice du temple, de chevaliers du Temple ou de Templiers. Cet ordre était à la fois religieux et militaire. Entièrement consacré à la défense de la Terre Sainte, il s'engagea à combattre les infidèles et les ennemis de la foi, à protéger les pélerins, à soigner, à soulager les malades, à porter secours aux voyageurs chrétiens et à donner la sépulture aux morts. En 1128 , le concile de Troyes approuva son institut , qui bientôt fit des prosélytes en France, en Angleterre, en Espagne et en Italie.

Les chevaliers du Temple s'établirent à Douai en 1156. Thierry d'Alsace, comte de Flandre, leur donna un terrain au nord de Douai , que les débordements de la Scarpe rendaient marécageux, et y fonda une maison qui prit le nom de *Notre-Dame.* Il la dota de divers biens situés à Sin-le-Noble et de plusieurs droits féodaux. Cette maison reçut de Philippe d'Alsace , son successeur , d'autres biens et rentes à Douai et sur plusieurs villages de la contrée.

Garin , ancien chanoine de St-Amé , alors archevêque de Thessalonique , vers la fin du XII' ou le commencement du XIII° siècle , fonda à Douai , une maison hospitalière, qu'il nomma *Hôpital de St-Samson* (1) et qu'il confia aux chevaliers du Temple. Cette maison était destinée à recevoir, héberger et nourrir des passants pauvres.

L'étendard de l'ordre était mi-partie noir et blanc et se nommait le *Beaucéant.*

Sa devise était :

Non nobis , Domine , non nobis sed nomini tuo da gloriam.

Son sceau avait pour légende : |*Sigillum militum*

_____

(1) Rue de ce nom.

Christi. Il représentait un cheval monté par deux ca-
valiers, afin de perpétuer le souvenir de la pauvreté de
l'ordre , car à son début , les frères n'avaient qu'un
cheval pour deux.

Lorsque les Templiers n'étaient point en guerre, ils
portaient l'habit et le manteau blanc et une croix en
drap rouge sur le côté gauche du manteau.

L'ordre du Temple s'était acquis une grande renommée par sa valeur , ses lumières , les donations qu'il
avait reçues et aussi par d'habiles spéculations. Il avait
joué un grand rôle dans l'histoire financière du moyen-
âge. Ces vaillants défenseurs de la Croix , ces grands
civilisateurs ont été les fondateurs du crédit , les pro-
pagateurs des lettres de change , lorsque les juifs ,
persécutés, les eurent créées ; ils furent les inventeurs
du transport de toutes les valeurs métalliques par leur
représentation en papier. Et ce n'était pas un petit
service rendu au commerce et aux transactions , ainsi
que l'a dit un écrivain compétent dans ces matières (1),
« alors que sans titre avoué , mal fabriquées , usées ,
» rognées, les monnaies ne se trouvaient qu'avec
» peine ; ce n'était pas une faible tâche que de les ra-
» mener, dans plus de vingt États, aux types les plus
» purs et d'en faire des agents de circulation. Cet hon-
» neur est dû à ces illustres chevaliers. Un jour ,
» ajoute-t-il, l'un des plus féconds du moyen-âge , cet

---

(1) Louis de Noiron. *Banque de France*, etc.

6

» ordre puissant et éclairé imagina de faire servir au
» développement de ses intérêts liés à ceux des peu-
» ples chrétiens, dont il avait le protectorat, d'immen-
» ses trésors, fruits de sa valeur et de son adminis-
» tration économe et clairvoyante. »

Voici comment saint Bernard, à qui les Templiers devaient la règle de leur institut, s'exprimait sur eux :

« Ils vivent sans rien avoir en propre, pas même
» leur volonté. Vêtus simplement et couverts de pous-
» sière, ils ont le visage brûlé des ardeurs du soleil,
» le regard fier et sévère ; à l'approche du combat ils
» s'arment de foi au-dedans et de fer au-dehors ; leurs
» armes sont leur unique parure ; ils s'en servent avec
» le plus grand courage dans les périls, sans craindre
» ni le nombre ni la force des barbares, toute leur
» confiance est en Dieu. »

Les maisons du Temple à Douai étaient comme des comptoirs d'escompte pour les tables de change et les commerçants de la ville.

On a dit que l'ordre du Temple avait possédé neuf mille maisons.

Cet éclat, cette prospérité avaient éveillé l'envie, la cupidité ; la calomnie vint à leur suite. On accusa les Templiers de débauche, d'irréligion ; on leur imputa mille absurdes infamies. Philippe-le-Bel, dans son avide ambition, saisit cette occasion pour anéantir l'ordre et s'emparer de la plus riche partie de ses dé-pouilles. L'ordre fut aboli, ses membres souffrirent le martyre, et la calomnie le poursuivit encore après sa destruction. Mais il a été victorieusement vengé par des écrivains éclairés, impartiaux et notamment par le père Lejeune, oratorien, dans son *Histoire apologétique des Templiers*, en 1789 ; par le savant Renouard dans ses *Monuments historiques relatifs à la condamnation des Templiers* ; et plus récemment par M. Michelet, dans les curieux documents inédits qu'il a publiés sur leur procès.

Lors de la suppression de l'ordre du Temple en 1315, les maisons qui lui appartenaient à Douai, passèrent à l'ordre de Malte ; qui les conserva jusqu'à la révolution française.

La maison de Notre-Dame, place du Temple, avait cependant été abandonnée, comme habitation, par les chevaliers de Malte en 1508. On en avait fait une ferme, toutefois on avait continué à y dire la messe jusqu'en 1762. L'église ne fut démolie qu'en 1834, elle servait depuis longtemps de grange. A cette époque, le Temple, vendu par un sieur Dhérin qui l'occupait fut divisé : la partie ouest, qui comprenait les restes des bâtiments et l'ancienne porte d'entrée ont été acquises par le sieur Hulot qui les a fait restaurer ; il a même fait placer sur la porte extérieure une pierre sculptée aux armes de l'ordre de Malte, rappelant celle que l'on y voyait en 1790. La partie de l'est a été achetée par le sieur Hanotte. Sur ce terrain il a fait construire plusieurs jolies demeures de particuliers.

La maison , dite *Hôpital de St-Samson* , fut vendue par l'Etat en 1795 , et elle a été aussi remplacée par des demeures particulières.

LES DOMINICAINS.

L'ordre des Dominicains ou Frères Prêcheurs, fondé vers 1216, par saint Dominique, à propos de l'hérésie des Albigeois , était le plus ancien des ordres religieux de Douai après celui du Temple (1). Cet institut datait dans cette ville du milieu du XIII⁰ siècle , et le terrain sur lequel le couvent et l'église étaient bâtis , lui avait été donné par Marguerite de Dampierre , comtesse de Flandre. La dédicace de l'église , consacrée à la sainte Croix, eut lieu en 1271 (2).

En 1270 , l'année de sa mort, saint Louis avait fait au couvent des Prêcheurs , un don de toutes sortes

---

(1) Les Dominicains se nommaient aussi *Jacobins*, parce que leur première maison à Paris était sise rue St-Jacques.

(2) D'après Petit, *fondation du couvent des Prescheurs de Douai*, elle datait de 1232.

d'ornements ecclésiastiques (1). Il avait visité cette maison quelques années auparavant.

Ce monastère souffrit de plusieurs incendies.

Le 6 avril 1553, vers deux heures du matin, un feu des plus violents y éclata. Tout fut dévoré par les flammes à l'exception du saint ciboire, et du tableau ou diptyque de l'Immaculée Conception qui se trouve au Musée.

Le 10 août 1595, l'église et le haut dortoir furent consumés. Le mal bientôt réparé, au moyen de libéralités, le 5 août 1600, Jacques Blassée, évêque de Namur (l'évêché d'Arras étant vacant), consacra la nouvelle église.

Le siége de Douai de 1712 causa de nouveau de grands dommages à cet établissement. Louis XIV permit alors aux Dominicains d'ouvrir une loterie de bienfaisance pour les réparer. Le chiffre de cette loterie s'élevait à trois cent mille livres.

Un autre incendie éclata dans cette maison en 1755 ; l'église et une grande partie des bâtiments devinrent la proie des flammes. On construisit alors une nouvelle église, celle qu'on voit encore debout, servant de magasins ; elle fut consacrée le 4 octobre 1785.

L'Université lors de sa création en 1562, n'ayant pas de locaux suffisants à sa disposition, avait *esleu et choisi une salle particulière dans le couvent des Frères*

(3) Buzelin *(annal.*, liv. 6.)

Prescheurs pour y faire ses assemblées. Cette salle se nommait la salle des Docteurs (1).

Au moyen des dons de l'archevêque de Cambrai, Vanderburch, des abbés de Marchiennes, de St-Vaast et de St-Bertin, les Dominicains avaient acheté en 1619, deux maisons avec jardins, situées rue Morel, et qui étaient connues sous les noms de *Vertes Treilles*; ils y établirent un collége sous la qualification de *St-Thomas d'Aquin*, pour l'enseignement de la théologie et de la philosophie; cette maison fut en 1.774 réunie au Séminaire de la Foi.

Le prieur des Dominicains, au moment de la fondation du collége de St-Thomas d'Aquin, était Petit (Philippe), auteur de plusieurs écrits et entr'autres d'une *Histoire de la ville de Bouchain*, où il était né en 1593.

Le collége de St-Thomas occupait le local maintenant affecté au logement du colonel commandant la place et du sous-intendant militaire.

Au moment de la révolution, on voyait dans l'église des Dominicains plusieurs belles tombes, et on remarquait principalement celles de Jean de Luxembourg, mort en 1508, et de Charles II, comte de Lallaing, que l'on trouve aujourd'hui au Musée de Douai.

Grand nombre de bons tableaux et entr'autres un retable d'autel, représentant la mort de saint Domini-

(4) Derasière.—*Hist. manus.*

que , peint vers 1540 , par Jean Bellegambe , douaisien (1).

Les Dominicains avaient une belle et riche bibliothèque, dont le catalogue se trouve à la bibliothèque de
Douai (2).

Le 4 juillet 1791, ces pères quittèrent leur maison ;
elle fut vendue par l'État en 1792.

Sur l'emplacement des bâtiments de ce monastère
sont établis de vastes magasins , des ateliers de char-
penterie et une demeure particulière.

Les Dominicains portaient la robe blanche , un scapulaire de même couleur auquel était attaché un cha-
peron.

On peut consulter pour plus de détails sur les premiers temps de cette maison : *Fondation du couvent
de la saincte Croix* etc. , par Philippe Petit. Douay ,
v° Marc Wion, in-4°, 1653.

---

(1) Cousin, *fondations des couvents* , etc., dit en parlant de cet
artiste : « Peintre autant estimé que fut aucun en toutes ces
» dix-sept provinces , nommé communément le *maistre de cou-*
» *leurs*. Encore aujourd'hui la moindre pièce sortie de son pin-
» ceau est grandement recherchée. »

(2) Ms. n° 948.

|LES TRINITAIRES.

L'ordre des Trinitaires ou des Chanoines réguliers pour la rédemption des captifs chez les infidèles fut institué en l'an 1198 , par Jean de Matha et Félix de Valois, sous le pontificat d'Innocent III. Les Trinitaires s'étaient établis à Douai vers 1252 , dans un terrain , sis hors de la ville à l'est , que leur avait donné Evrard de St-Venant. Mais en 1320, leur monastère et leur église se trouvant compris dans le périmètre des nouvelles fortifications de la place , ils durent bâtir un autre couvent, avec église, rue St-Nazaire, aujourd'hui des Trinitaires.

Dans cette maison firent profession, Robert Gaguin, qui devint général de l'ordre et précepteur du roi Charles VIII , auteur de plusieurs travaux historiques estimés ; son chef était conservé dans l'église des Trinitaires ; — Jean Thierry , provincial et vicaire-général du même ordre , doué d'un beau talent oratoire , — et le fameux Laurens (1), l'auteur du *Compère Mathieu*, né à Douai le 27 mars 1719.

Au moment de la révolution de 1790 , on voyait

---

(1) C'est à tort qu'on l'a nommé *Dulaurens.* Voir son acte de naissance. *Galerie Douaisienne,* p. 203.

encore au couvent des Trinitaires, une cage dans laquelle cet homme singulier avait été enfermé pour ses
méfaits, pendant qu'il était profès en cette maison.
Cette cage en bois était isolée des quatre murs de la
grande chambre dans laquelle elle se trouvait, suspen-
due au plafond et ne touchant pas le sol. On l'avait
garnie d'une couchette et on y avait déposé le coupable,
sans lui laisser les moyens d'écrire. Il vécut quelques
mois dans cette étrange prison ; cependant de l'intérieur de sa volière il trouvait encore à exercer son
esprit facétieux et satirique ; il gravait au moyen d'un
morceau de fer ses quolibets et ses épigrammes sur les
ais de bois, qui formaient cette cellule ; ils en étaient
entièrement couverts.

On avait établi aux Trinitaires une confrérie littéraire sous l'invocation de sainte Barbe. Le poète
douaisien Jean Loys avait été prince de cette confrérie.

Cet ordre avait des règles austères. Par sa première
constitution, ses membres ne pouvaient manger que
des légumes et du laitage.

Les Trinitaires portaient la robe et le scapulaire
blancs, la croix rouge et blanche, des sandales de cuir,
et au dehors un manteau noir.

L'église de cette maison était considérée comme un
lieu d'asile pour les délinquants et les criminels.

Ce couvent, avec ses dépendances, fut vendu par
l'État en 1795. Sur son emplacement on a construit
des maisons particulières.

LES RÉCOLLETS-WALLONS.

Les Récollets ou Frères Mineurs *de l'Etroite obser-vance*, furent crées sous le pape Léon X et apparte-naient à l'ordre de St-François. Leur monastère à Douai occupait un vaste terrain, situé entre les rues Notre-Dame et du Canteleu. L'entrée principale était rue Notre-Dame vis à vis celle de la Cuve-d'Or ; elle en avait une autre rue du Canteleu.

Il avait été établi vers le milieu du XIIIe siècle pour des Frères Mineurs ou Cordeliers, par la générosité de gentilhommes et de riches particuliers qui voulurent y être inhumés. En 1628, les Cordeliers ayant embrassé la Réforme avaient pris le nom de Récollets (1).

En 1452, vers la fin de septembre, la porte du cou-vent des Frères Mineurs fut close et murée ainsi que celle de derrière donnant sur la rue du Canteleu, par ordre du provincial, à cause des désordres qui y ré-gnaient. Tous les religieux furent mis dehors, et en-voyés en divers autres provinces. Bientôt après d'au-tres religieux vinrent peupler ce monastère (2).

---

(1) Les Cordeliers étaient aussi nommés *Cordèles* à cause des cordes qui leur ceignait les reins.

(2) Mém. du P. Ignace.

Le 6 avril 1553 , un violent incendie consuma une grande partie de ce couvent et l'église presque entièrement ; tous les monuments sépulcraux furent détruits. Cependant en 1790 on y remarquait encore un bénitier en bronze de forme élégante , qui fut en 1793 envoyé à la fonderie de canons. Les ravages de l'incendie furent réparés peu de temps après l'accident.

L'église des Récollets-Wallons possédait un beau buffet d'orgues , supporté par quatre colonnes et orné de treize figures d'anges jouant de divers instruments , de celle du roi David et de sainte Cécile ; il était d'une parfaite exécution. En 1794 , lors de la suppression des monastères , ce buffet fut vendu à la municipalité d'Arleux . et on le voit de nos jours dans l'église de cette commune. Il a été restauré en 1841 , au moyen d'une souscription dont le montant s'est élevé à 4500 fr.

La foudre renversa le clocher de cette église en 1682.

Le 22 juillet 1437 , un chapitre général de l'ordre de St-François, en France, fut tenu dans cette maison, auquel assistèrent plus de deux cents religieux de cet ordre.

Vers 1558 les maisons de l'ordre de St-François ayant été divisées en nouvelles provinces par le Pape Paul II , celle de Douai fit partie de la province de St-André.

Le 12 janvier 1573 s'établit , au couvent des Cordeliers , une confrérie dite de *Notre-Dame-des-Sept-Douleurs*. On récita dans la cérémonie d'installation des chants royaux et des ballades ; on y distribua des prix et des *affiquets* d'argent aux auteurs des meilleures pièces.

La principale relique de ce couvent était 'le corps de saint Prosper ; il y avait été transporté , avec une grande pompe , le 4 septembre 1662.

Legrand (Antoine) , homme d'un profond savoir , prédicateur éloquent, auteur de douze ouvrages ascétiques et historiques, appartenait aux Récollets-Wallons de Douai.

Le 13 avril 1792 , ce couvent fut vendu par l'Etat après avoir servi quelque temps de logement aux troupes de passage.

Vers 1797 une société d'amateurs y improvisa une salle de spectacles , dont les représentations ont été très suivies.

La partie de cette maison , donnant rue du Canteleu , est maintenant occupée par l'usine de M. Minart, et celle vers la rue Notre-Dame par les magasins de M. Fichel et autres.

LES JÉSUITES.

L'ordre des Jésuites fut institué par Ignace de Loyola. Ces pères ne s'établirent à Douai que dans le XVIᵉ siècle. Sur la demande de Jean Lentailleur, abbé d'Anchin, le conseil de Douai, le 20 août 1568, y donna son consentement. L'acte de cette fondation a été passé le 20 août 1568, et elle fut approuvée par l'évêque d'Arras le 12 janvier 1570.

Par suite d'une émeute populaire les Jésuites durent sortir de la ville le 16 octobre 1578, mais ils y rentrèrent le 8 novembre de la même année.

Ils avaient célébré d'abord leurs offices dans l'église St-Jacques ; en 1586, on bâtit leur église. Son entrée donnait dans la rue du Musée et portait l'inscription qu'on y lit toujours :

Sacrum et terribile nomen Jesus.

Ces religieux, en 1764, avaient fait élever l'observatoire que l'on voyait encore, il y a quelques années, au-dessus du Musée.

Lors de la suppression en France de l'ordre des Jésuites, en novembre 1764, les bâtiments et l'église qui leur appartenaient furent réunis à l'Université.

L'église des Jésuites possédait les reliques de saint

Térentian qui y avaient été transportées avec une grande solennité en 1614.

On y voyait un tombeau en marbre blanc du marquis de Pommereul, ancien gouverneur de Douai ; ce beau mausolée, lors de la démolition de l'église des Jésuites, en 1772, avait été porté dans l'église de St-Jacques.

Le P. Trigault, célèbre missionnaire, né à Douai, avait appartenu à la maison des Jésuites de Douai.

Jusqu'au moment de leur suppression les Jésuites étaient chargés de l'enseignement au collége d'Anchin.

LES CAPUCINS.

Les Capucins étaient de l'ordre de St-François ou des Franciscains ; le Pape Nicolas III les nomma Capucins parce qu'ils portaient un capuce long et pointu. Ils furent primitivement appelés frères *Hermites Mineurs*. Cet ordre s'était établi à Douai en 1591, rue d'Arras, dans la maison des *Bons enfants, de l'appartenance et juridiction de St-Amé, devant la ruelle du Collége du Roi*. Le monastère des Capucins était placé sous la protection du conseil de la ville , qui lui assigna des fonds pour en assurer le succès. Jean-Baptiste Brelle, né à Douai en 1754 , avait fait profession dans cette maison le 20 avril 1775. Ce personnage se trouvait à St-Domingue , en qualité de missionnaire en 1792. Ayant échappé aux massacres des blancs , il devint *archevêque 'd'Haïti* et sacra Christophe et le noir Dessalines, *empereurs.*

Le 4 juillet 1791 les Capucins quittèrent leur monastère, qui rentra dans le domaine de l'Etat. En 1803, il fut mis à la disposition de la Société centrale d'agriculture du département du Nord. Cette savante Compagnie y a créé un beau jardin des plantes et de vastes serres bien entretenues et offrant de précieuses collections de plantes rares , exotiques et indigènes. Sa bibliothèque est riche et bien composée. Elle ouvre chaque année des concours , et les mémoires qu'elle publie forment un bel et important ouvrage renfermant de curieux documents scientifiques et historiques.

Le couvent fut supprimé en 1793, mais les cloîtres et l'église ne furent démolis qu'en avril 1812.

Dans l'église St-Pierre, à l'entrée du dôme à droite, se trouve un tableau représentant la *Crêche* , provenant de l'église des Capucins.

LES BÉNÉDICTINS ANGLAIS·

Dom Philippe de Caverel, abbé de St-Vaast d'Arras, avec le consentement du Pape Clément VIII , fonda à Douai un établissement de religieux missionnaires de l'ordre de St-Benoit , pour l'Angleterre, à la condition que la propriété de leur maison ferait retour à son abbaye , aussitôt que la foi catholique serait rétablie dans la Grande-Bretagne. L'église de ce couvent était dédiée à saint Grégoire. Aux trois vœux d'usage , ces Bénédictins ajoutaient celui d'aller en Angleterre comme missionnaires , et d'en revenir sur l'ordre de leurs supérieurs. En mars 1786 , ils agrandirent leur monastère par l'acquisition d'un terrain situé rue St-Albin.

L'évêque de Niba mourùt dans ce couvent le 20 avril 1770.

Plusieurs personnages anglais ont fait leurs études dans cette maison et entre autres Barnes , l'auteur du *Catholico romanus pacificus*.

Les Bénédictins Anglais durent quitter leur couvent au moment de la Révolution.

L'église servit alors d'écurie et de lieu de dépôt de matériaux ; elle a été remise en 1811 à la disposition de la ville de Douai pour l'exercice du culte catholique.

Plus tard elle fut rendue aux Bénédictins Anglais et vendue par eux. On la démolit alors et sur son emplacement se sont élevées des demeures particulières.

Les Bénédictins Anglais étant rentrés dans la propriété de leurs bâtiments, y ont établi une sorte de pensionnat ; ils les ont restaurés, agrandis. Ils ont fait construire une nouvelle église, d'un fort bon style, qu'ils ont décorée avec goût. Il y a dans cet établissement une bonne bibliothèque, un cabinet de physique et un beau gymnase.

Avant la Révolution, l'église des Bénédictins Anglais possédait quelques bons tableaux et entre autres la *Mort de saint Vaast*, de Serin, qu'on voit à présent dans la chapelle des Trépassés à St-Pierre.

Le supérieur de cette maison est, de nos jours, le R. P. Andrieu.

JÉSUITES-ÉCOSSAIS.

Cette maison avait été fondée à Paris par Jean Lesley, évêque de Ross. En 1604, en vertu d'un bref du pape Clément VIII, elle fut transférée à Douai. Le

7

général de la Société de Jésus fut chargé de pourvoir à son administration. Construite en 1613 , elle fut occupée par les Jésuites-Écossais jusqu'en avril 1765. Le collége des Écossais séculiers y fut alors établi. Supprimé en 1792 , on en fit peu après une maison d'arrêt pour les prêtres , les nobles et les personnes *suspectes*. On lui donna le nom d'*Hôtel des Marmousets*, parce que la première personne qui y fut incarcerée était un boulanger de Douai , nommé Marmouset.

Les églises étant fermées, l'exercice public du culte interdit , la plupart des détenus de cet hôtel étant des ecclésiastiques, on les laissa à compter de 1798 , célébrer la messe dans leurs chambres respectives, l'autorité sembla l'ignorer. Les dimanches, les jours de fêtes consacrées , le concierge nommé Davesnes , honnête républicain, facilitait l'entrée de la maison aux fidèles , en bon nombre , qui allaient assister aux offices. On toléra même vers 1800 qu'on y fit des *premières communions*. La maison d'arrêt fut supprimée peu après.

Une réunion de jeunes gens, amis des lettres , y tint ses séances ; elle avait pris le titre de *Société des jeunes amateurs* ; elle eut peu de durée.

En 1804 une fabrique de papiers y fut établie mais sans succès.

Plus tard on fit de cette maison un pensionnat de demoiselles , dirigé par des personnes laïques , Mesdames Godart et Mairesse , qui fut très suivi et jouit d'un certain renom.

La congrégation de la Sainte-Union, qui en est maintenant propriétaire, l'a beaucoup agrandie et embellie. Elle y a fait élever une petite église d'un très bon goût, ornée d'un élégant clocher, sur un terrain à l'ouest, provenant de l'ancien couvent des Carmes-Chaussées.

La maison des Écossais, au moment de la révolution, possédait une riche bibliothèque qui fut alors transportée au dépôt général des livres. Son inventaire repose à la bibliothèque de Douai (1).

On y voyait grand nombre de tableaux et ceux-ci surtout fort remarquables :

Une adoration des Rois, peinte sur bois, d'après Rubens.

— Un St-Diogène de Jordaens.

— Un portrait en pied de Philippe II, roi d'Espagne.

— Le martyre de saint André, par de Vos.

— Un portrait du pape Grégoire XIII.

— Un portrait du roi d'Angleterre, Charles Iᵉʳ.

— Un portrait de Jean Lesley, évêque de Ross, si dévoué à Marie Stuart et fondateur de la maison de Paris.

— Un portrait d'Elisabeth Curll, attachée à Marie et qui avait apporté aux Écossais le livre d'heures de l'infortunée Reine ; ce livre se voit aujourd'hui au Louvre.

---

(1) Voir *Catalogue des ms.*, n° 946. Le catalogue des Écossais comprend 2,793 numéros.

— Le Samaritain refusant de l'eau à Jésus.

— Un Jésuite écossais recevant la couronne du martyre.

— Enfin le portrait de la reine Marie Stuart.

LES CARMES.

L'ordre des Carmes commença en Syrie et ses membres s'établirent dans des hermitages, comme tous les premiers cénobites. Aymerie, légat du pape et patriarche d'Antioche les rassembla et les plaça sur le Mont-Carmel, dont ils ont pris leur nom. A la fin du XVIᵉ siècle, ces pères avaient des sortes de refuges à Douai, où ils recevaient des élèves, qui suivaient les cours de l'Université et y prenaient leurs grades. En 1635, Philippe II, roi d'Espagne et souverain des Pays-Bas, les autorisa à fonder un monastère dans cette ville. Ils le bâtirent rue des Wetz, sur un terrain que leur donna Flaminio Palliot, né en Lombardie.

Les échevins posèrent la première pierre de leur église le 20 février 1682.

Louis XIV et la reine sa femme, entendirent la

messe dans l'église de ce monastère le 21 avril 1676. Un incendie, attribué à la malveillance, éclata aux Carmes le 1er août 1762, à neuf heures et demie du soir. Il réduisit en cendres le couvent, le toit de l'église, renversa le clocher et fondit les cloches. Le dommage, réparé au moyen d'aumônes, l'église fut rendue au culte le 13 mars 1763 ; mais le clocher ne fut pas relevé.

De cette maison sont sortis deux écrivains ecclésiastiques remarquables, Henri de St-Ignace et Grégoire de St-Martin.

Le maître-autel de l'église des Carmes-Chaussés était orné d'un beau tableau d'Arnould de Vuez, représentant la Transfiguration.

Les Carmes quittèrent leur maison en 1791. La Société populaire l'occupa en 1792 ; une bouche de fer fut placée à l'entrée pour recevoir les dénonciations.

Ces bâtiments ayant été vendus par l'État en 1809, on y établit une filature de coton. L'église fut remise aux agents du département de la guerre, et sur son emplacement on construisit un vaste hangar, qui sert aux exercices de l'artillerie pendant la saison rigoureuse. Dans ce hangar ont eu lieu des expositions des produits de l'industrie et des solennités de l'instruction publique.

CARMES-DÉCHAUSSÉS.

Cette congrégation ne date que du XVIe siècle. Elle prit la qualification de Carmes-Déchaussés , parce que ses membres marchaient pieds nus.

Seulement en 1615, les Carmes-Déchaussés vinrent résider à Douai ; ils avaient fait le choix de cette ville à cause de son Université. Ils éprouvèrent d'abord des difficultés pour en obtenir la permission. De longs débats eurent lieu à cet égard entre le souverain et les échevins de Douai. On pourra apprécier qu'elles en étaient les causes en lisant l'extrait suivant , d'un des avis émis en faveur de ces pères , par le conseil de leurs Altesses les gouverneurs généraux :

« Chaque ville ou lieu , *sine jure sine injuria ,*
» pourrait refuser d'admettre le dit ordre pour les rai-
» sons que allèguent MM. du Magistrat , mais ladite
» ville de Douai ne peult en façon quelconque les re-
» fuser , à cause qu'elle a dedans soy fontaine des
» sciences, qui est l'Université, qui, pour cette raison
» est appelée UNIVERSITÉ A plus forte raison , les
» religieux ont-ils droit de s'en prévaloir pour estre là
» l'âme de la sapience et ceux qui se prévalent le
» mieux de sa doctrine et s'en servent pour les fins

» pour lesquelles Dieu a institué les sciences et les a
» infusées, qui sont les saluts des âmes et l'accroisse-
» ment de la foi catholique. »

Enfin le conseil de la ville céda à leurs prières, à la sollicitation de grandes puissances. Ils s'établirent d'abord au prieuré St-Sulpice, aujourd'hui caserne de ce nom. En 1620, ils firent bâtir un monastère sur un terrain que leur avaient donné M. et Mme de Mundé.

Leur établissement était vaste et avait une belle église, sur le clocher de laquelle la foudre tomba en 1762. On remarquait dans cette église, en 1790, un beau tableau de Segers, figurant sainte Thérèse en extase.

Le 4 juillet 1791, les Carmes-Déchaussés durent sortir de leur maison ; l'église fut démolie et les autres bâtiments furent affectés au service de la manutention des vivres de la guerre.

Cet établissement est le premier à droite en entrant dans la rue des Carmes par la rue des Trinitaires.

AUGUSTINS.

L'ordre des Augustins fondé par saint Augustin, ne fut établi à Paris qu'en 1259. Avec l'autorisation du conseil de la ville, les Augustins au mois d'octobre 1621, avaient formé rue d'Equerchin, à Douai, une sorte de séminaire pour l'instruction des profès de leur ordre. Ce séminaire, au mois de juin 1622, avec l'autorisation du même conseil, fut transporté rue du Bloc. Vers 1632, les pères Augustins obtinrent la permission de convertir ce séminaire en maison conventuelle. Ils bâtirent alors leur monastère sur l'emplacement d'une maison dite *des Rosettes,* située vis à vis le moulin au brai, aujourd'hui rue d'Infroy.

Les Pères Augustins ont eu de nombreux procès avec leurs voisins et avec l'échevinage.

Cette maison a produit quelques hommes remarquables.

Le costume des Augustins consistait en une robe et un scapulaire blancs dans la maison ; hors de la maimaison, en une coule noire et par dessus un grand capuce se terminant en rond par devant et en pointe par derrière jusqu'à la ceinture qui était de cuir noir.

En 1792, la maison conventuelle fut vendue par

l'État , et sur son emplacement ont été élevées des demeures particulières.

———◆———

MINIMES

———

L'ordre des Minimes fut fondé par saint François de
Paule en 1473 (1) , cependant les Minimes ne s'établirent à Douai que dans le XVIIe siècle. Navœus, dans
son *Chronicon* , dit que la première pierre de ce couvent fut posée par le Magistrat de Douai , le 16 mars
1631 , et en présence de Jean du Joncquoy , abbé de
Marchiennes et de Pierre Boudot, évêque d'Arras.

Ces Pères avaient eu le projet de bâtir leur église de
front à la rue des Foulons , mais ils y placèrent leur
brasserie.

L'église fut édifiée au centre du terrain qu'ils avaient
acheté ; elle était d'un goût moderne , d'une belle ar-
chitecture et richement décorée. On y voyait divers

———

(1) On les nommait à Paris les *Bons-Hommes*. Cet ordre prit le
nom de *Minimes* (très petits) , par humilité , se plaçant ainsi
au-dessous des Cordeliers qui s'appelaient *Mineurs*.

monuments funéraires, plusieurs beaux tableaux, et entr'autres, celui d'Arnould de Vuez, offrant la Présentation de la Vierge, qui se trouve aujourd'hui sous le dôme de l'église St-Pierre.

En 1787, une grande solennité avait eu lieu dans l'église des Minimes pour la béatification de deux membres de cet ordre, Gaspard et Nicolas des Lombarts.

L'entrée du monastère était du côté de la rue des Minimes et peu remarquable. Ce n'était qu'une simple porte, avec guichet, au-dessus de laquelle on voyait les armes de l'ordre : le mot *Charitas*, en lettres d'or, entouré de rayons sur champ d'azur.

Ce couvent vendu par l'État en février 1792, fut acheté par M. Dumont, notaire. C'est maintenant une belle et somptueuse demeure.

RÉCOLLETS-ANGLAIS.

Le couvent des Récollets-Anglais fut créé à Douai dans le premier quart du XVIIe siècle, à l'effet de fournir des missionnaires pour l'Écosse. On l'établit dans des maisons que leur avait données Antoine Chymin, curé de Masny. Son église qui est aujourd'hui la paroissiale de St-Jacques, fut commencée en 1706 et consacrée en 1712 par l'électeur de Cologne, le cardinal prince Joseph Clément de Bavière ; elle fut agrandie en 1852.

Supprimé , comme toutes les autres maisons religieuses en 1792, ce couvent en 1794 fut mis à la disposition de la Société populaire pour la tenue de ses assemblées ; mais cette mesure n'eût pas de suite.

Lors du rétablissement du culte en 1803 , l'église fut rendue à sa destination primitive, sous le vocable de St-Jacques.

En 1797, une salpétrière pour le service de la guerre, fut établie aux Récollets-Anglais.

Sur la partie nord de l'ancien couvent ont été élevées de belles demeures particulières.

PÈRES DE L'ORATOIRE.

La congrégation des Pères de *l'Oratoire de Jésus*, fut fondée par saint Philippe de Néri, et établie en France par le cardinal de Burulle.

Ces Pères s'installèrent à Douai en 1626, au coin de la rue d'Ocre, vis à vis l'église de St-Albin. L'évêque d'Arras, Herman Ortemberg, avait laissé tous ses biens pour son érection. Cet établissement fut autorisé par le roi d'Espagne, alors souverain du pays, au mois d'août 1626, et confirmé par le pape Urbain, le 26 mai 1629. L'évêque Paul Boudot, successeur d'Ortemberg, installa ces Pères dans ce local. En 1630, cette congregation fut s'établir près de St-Jacques, rue des Carmes.

Les armes de l'Oratoire portaient les noms de *Jésus et Marie* : elles étaient d'azur en champ d'or, couronné d'épines de sinople.

Le supérieur de cette maison avait la cure de St-Jacques. Le dernier fut M. Primat, mort sénateur, comte de l'Empire et archevêque de Toulouse en 1846, dont on voit le portrait au Musée de Douai.

La maison de l'Oratoire a été vendue comme bien de l'Etat en 1793 et achetée par M. Allard, notaire, au prix de 35,000 fr. Les frères Claro ensuite, y établirent un commerce d'épiceries en grand. M. Fouquay, de mémoire vénérée y transporta plus tard son institution. Elle fut achetée ensuite par le vénérable M. de Lewarde, et affectée au service des sœurs de Ste-Marie.

CHARTREUX.

C'est vers le milieu du XVII^esiècle que les Chartreux vinrent résider à Douai. Marie Loys, fille d'un notaire de cette ville, par un codicille daté du 12 janvier 1654 (1), avait donné à cet institut tous ses biens, sous l'obligation de fonder un couvent. Le 15 mars 1655, le conseil de la ville accorda cette autorisation à la condition que les Chartreux s'établiraient dans un lieu éloigné du centre de la population. Le 16 septembre 1660, on leur permit de placer leur monastère rue Morel, presque vis à vis le refuge de St-Amand, dans un lieu nommé *Jérusalem*, provenant de la maison des Chartriers. Ce terrain, n'ayant pas l'étendue convenable, les Chartreux se pourvurent de nouveau devant l'échevinage. En 1662, ils furent autorisés à s'établir dans la paroisse St-Albin, sur un emplacement nommé les *Blancs-Moines*, parce qu'il avait appartenu aux Prémontrés de Furnes : on nommait ainsi les Prémontrés à cause de leur costume qui était blanc. Cette demeure avait primitivement été la propriété de l'illustre maison de Montmorency, dont une branche, celle

(1) C'est par erreur que M. Plouvain lui a donné la date du 12 juin.

des comtes d'Estaires et des barons d'Aubigny avait longtemps résidé à Douai. Philippe IV, roi d'Espagne, par lettres patentes d'avril 1665, avait autorisé cet établissement et Louis XIV l'avait confirmé en avril 1669. L'église encore debout ne fut achevée qu'en 1722.

Un grand scandale eut lieu dans la maison des Chartreux pendant le siècle dernier.

Louis XIV, par lettres patentes de 1714, avait établi comme administrateurs perpétuels de l'Hôtel-Dieu de Douai, le prévôt de St-Amé, le prieur des Chartreux et le chef échevin de la ville. Par suite de cette mesure, le prieur des Chartreux avait des rapports quotidiens avec la supérieure de l'Hôtel-Dieu.

Le 23 avril 1767, le prieur, Dom Augustin Louchet et la supérieure Antoinette Lehon disparurent. Celle-ci avait enlevé la caisse de sa communauté. On sut qu'ils s'étaient dirigés vers la Hollande. M. Delhalle, receveur de l'Hôpital et de l'Hôtel-Dieu, se mit à la poursuite des fugitifs et les rejoignit à La Haye. Il les contraignit à rendre gorge. Dom Louchet et la sœur Lehon, après avoir vécu quelque temps ensemble, éprouvèrent du repentir de leur faute. Dom Louchet se retira à la grande Chartreuse pour l'expier, il y mourut, bourrelé de remords et avec la plus grande repentance. Sœur Antoinette, après avoir traîné une existence malheureuse, revint en France. Elle fut reçue chez les religieuses de Bouchain, où la maison de Douai payait pour elle une pension annuelle de 300 livres. A la suppression des maisons religieuses, en 1790, elle fut reçue à l'Hôpital-Général de Douai, où elle mourut le 6 septembre 1807, âgée de 79 ans. Elle était née en 1728 (1).

Le 4 juillet 1791, les Chartreux sortirent de leur maison. Dans le mois de novembre de la même année ce couvent fut affecté au service de l'artillerie pour la fabrication des cartouches et des gargousses. Peu après on en démonta le clocher.

Au front de cette église, au-dessus du portail encore remarquable, on voyait, en 1791, un bas relief représentant saint Bruno, fondateur des Chartreux, donnant sa règle, et au-dessus de la porte l'inscription suivante, devise de l'ordre :

Stat Crux, dum volvitur orbis.

Les Chartreux portaient la robe de drap blanc, serrée d'une ceinture de cuir blanc ou de chanvre ou de l'un ou l'autre mêlés ensemble, avec une petite cuculle à laquelle était attaché un capuce aussi de drap blanc au chœur. Lorsqu'ils paraissaient en public ils mettaient la cuculle plus grande qui descendait jusqu'à terre, à laquelle était aussi attachée un capuce avec le cilice et une ceinture. L'usage du linge leur était interdit.

---

(1) P. Ignace. — *Mémoires.* — Plouvain. — *Notes manuscrites.* — *Douai ancien et nouveau.*

Un accident déplorable est arrivé dans l'ancienne église des Chartreux en août 1861 ; la voûte de cette église s'est écroulée en partie ; et elle a entraîné dans sa chute cinq ouvriers dont quatre sont morts des suites de cet écroulement.

BRIGITTINS.

Armentières possédait , depuis la fin du XVe siècle , un couvent de Brigittins. En 1625, quelques religieux de cette maison vinrent s'établir à Douai , pour y administrer des secours spirituels ; mais leur ordre n'ayant été reconnu légalement que par une bulle du pape Innocent XI en 1686 , ce ne fut que le 3 juillet 1687 , qu'ils obtinrent du conseil la permission de vivre en maison conventuelle. Cette maison fut peu prospère. En janvier 1769 , il n'y avait plus qu'un seul religieux dans le couvent. L'évêque d'Arras le supprima alors et le monastère fut vendu en juillet de la même année. Il était situé sur le rang nord de la rue St-Jean. On en fit alors une ferme ou norterie , que l'on démolit plus tard et sur l'emplacement de laquelle ont été bâties diverses habitations.

PÈRES RÉDEMPTORISTES.

Cette congrégation des Pères *du très saint Sauveur* et puis *du très saint Rédempteur*, appelés aussi *liguoristes* ou *liguoriens* du nom de son fondateur, fut établie en 1752 par Alphonse-Marie de Liguori, évêque de Ste-Agathe des Gots, dans le royaume de Naples. Par un bref du 25 février 1759, Benoit XIV approuva le nouvel institut. Ces Pères ne vinrent à Douai qu'en décembre 1851. Ils y achetèrent un hôtel, sis rue du Vieux Gouvernement, ayant appartenu à M. Depretz de Quéant, et qui avait été pendant longtemps la demeure des gouverneurs de la ville de Douai. Ils y ont fait construire une jolie petite église dont le front est sur la rue. Cette église fut solennellement bénite par Mgr. Régnier, archevêque de Cambrai, le 23 décembre de la même année.

Le but de cet institut est de créer des missionnaires de former des prédicateurs et des confesseurs.

Outre les vœux *simples* de pauvreté, de chasteté et d'obéissance, on y doit faire encore 1° celui de n'accepter aucune dignité, emploi ou bénéfice hors de la congrégation, excepté le cas d'un ordre exprès du Pape ou du supérieur général ; 2° celui de persévérer jusqu'à la mort dans l'institut , hors le cas d'une dispense de ces mêmes dignitaires.

Une mesure administrative a ordonné la clôture de la maison des Pères Rédemptoristes de Douai en 1860. Les Pères se sont dispersés ; la maison est restée sous la garde de l'un d'eux.

ABBAYE-DES-PRÉS.

Sur le côté ouest de la rue des Wetz , près de l'Esplanade , se trouvait l'Abbaye-des-Prés. Vers 1212 , trois sœurs natives de Douai , avaient établi un oratoire pour se livrer à la prière, dans une prairie voisine de cette ville du côté de Dorignies. Une quatrième fille qui s'était réunie à elles fit trois voyages à Rome et obtint, du pape Innocent III , la permission de constituer l'oratoire en monastère de l'ordre de Citeaux, filiation de Clairvaux. En 1218 , ce couvent fut érigé en ce lieu, dans les *Prés*. Vers 1477 , Marguerite, comtesse de Flandre , à qui l'on avait remontré que cette maison dominait la ville , craignant qu'elle ne put servir à battre la place , la fit démolir et donna aux religieuses un terrain dans la ville , nommé le *Champ-Flory*, avec ses dépendances ; elles y firent construire une vaste habitation et une belle église.

L'abbaye était bornée à l'ouest et au nord par les remparts de la ville , à l'est par le cours de la Scarpe , au sud par le cimetière de l'église paroissiale de St-Albin. L'église des Prés était grande , élégante et richement ornée ; elle était dédiée à le vierge Marie.

L'abbesse était à la nomination du roi et jouissait d'un grand revenu. Cette maison a compté 42 abbesses, dont plusieurs appartenaient à des familles puissantes. La dernière fut Henriette-Anne de Maes, du Tournaisis (1).

Le doyen de St-Amé était *juge unique,* donné par le Pape aux abbesses et communauté de l'Abbaye-des-Prés (2).

Lorsqu'en 1792 , les religieuses durent quitter leur maison , on y établit des boucheries militaires et on y logea des troupes. Le 1er juin 1793, un violent incendie consuma l'église , le clocher et le quartier dit *des Dames.* On la vendit en 1795 ; elle fut achetée par M. Paulée, qui en fit une habitation princière.

Au décès de M. Paulée , elle fût acquise par M. Fleurquin qui la divisa. Une partie forme l'abattoir public , une autre un établissement de bains, une troi-

---

(1) Plouvain.—*Souvenirs,* donne la nomenclature des abbesses.
(2) Table chronologique des archives de Douai, n° 425.

sième une filature de lin ; le reste est distribué en un grand nombre de jardins et de maisons particulières.

En juin 1741 , le duc de Chartres , père du roi Louis-Philippe vint à Douai et fut reçu et logé à l'Abbaye-des-Prés avec magnificence.

En 1832 , après le siége d'Anvers , Louis-Philippe descendit à l'Abbaye-des-Près ; ce fut dans cette maison, qui jouissait encore de toute sa splendeur, que le roi donna un banquet aux principaux fonctionnaires et à quelques notables habitants de Douai.

L'hôtel voisin de la belle porte d'entrée de l'Abbaye-des-Près était autrefois destiné à recevoir les parents et les personnes qui venaient du dehors visiter la dame abbesse.

Les titres de l'*Abbaye-des-Prés*, qui se trouvent aux archives de Lille , sont au nombre de 1006. Le plus ancien est une sentence rendue en décembre 1217 entre les chanoines de St-Amé de Douai et Notre-Dame-des-Prés touchant les fondations de leur monastère. 359 de ces titres sont du XIIIe siècle.

ABBAYE-DE-SIN.

Une maison charitable, tenue par de pieuses filles, appartenant à l'ordre de St-Augustin, existait au village de Dechy, vers le commencement du XIIIᵉ siècle sous le nom d'hôpital de St-Nicolas (1).

Les dignes sœurs soignaient les malades, recueillaient les pèlerins et les voyageurs indigents. En 1227, cette congrégation vint s'établir à Sin-le-Noble, et fut nommée dès lors l'abbaye de Notre-Dame-de-Baulieu. Mais là comme à Dechy, les sœurs étaient incessamment troublées dans leurs pieux offices, par les hommes de guerre et exposées aux vexations de toutes espèces. Elles sollicitèrent la faveur de se fixer dans l'intérieur de Douai, et le 20 avril 1616, le conseil de la ville leur en accorda la permission. Les bâtiments qu'elles firent construire à cet effet furent achevés en 1624, et l'évêque d'Arras, Paul Boudot, consacra leur église le 12 janvier 1627.

Plusieurs personnages avaient reçu la sépulture dans l'église de l'Abbaye-de-Sin, dite de Notre-Dame-de-Baulieu, ainsi que l'on a vu.

(1) M. Le Glay dit que leur institution canonique a été obtenue par deux bulles du pape Honorius III, données à Latran, en mai 1234.

Cette maison qui était arrivée à un haut degré de splendeur, fut supprimée comme toutes les autres maisons religieuses en 1791, et ses bâtiments furent vendus par l'État le 7 septembre 1795.

Elle était située rue de l'Abbaye-de-Sin et communiquait à celle de l'Abbaye-de-Paix. La rue de l'Abbaye-de-Sin a cessé d'être lors de l'établissement de la gare du chemin de fer.

L'abbaye-de-Sin avait son scel particulier, dont Escalier nous a conservé le type, dans une notice qu'il a publiée sur la découverte de ce scel.

Cette maison a compté 29 abbesses, dont plusieurs tenaient à des familles distinguées du pays. La dernière était Marie-Anne-Joseph Mortagne de Landas, qui mourut le 20 décembre 1791, à Douai, au moment de la suppression de la maison (1).

De l'Abbaye-de-Sin étaient sorties les sœurs de St-Augustin d'Arras et les chanoinesses réformées d'Armentières.

Les religieuses de Sin avaient institué à Paris, vers 1630, un monastère sous l'invocation de la Vierge.

Dans l'établissement de Douai, on avait apporté de Sin diverses épitaphes en marbre, que l'on y voyait au moment de la révolution, entr'autres la suivante :

Feu noble homme Jehan de Montmorency
Et sa femme notable demoiselle

----

(1) Pour la nomenclature des abbesses, voir Plouvain. — *Souvenirs.*

De Bercus pourtraicts icy,
Eurent d'enfans une lignée belle ;
Dont l'une fut de vie vertueuse
Dame Jehanne céans religieuse
Et professe de cincquante deux ans.
Vingt ans abbesse et toujours curieuse
Du lieu garder les biens, promesses et vœux
Et s'appelle en gloire triomphant Dieu
En may le vingtiesme jour
L'an 15 cent 8, le corps enterré icy fait séjour.

Cette inscription était surmontée des armes de Montmorency et de Bercus.

ABBAYE-DE-PAIX.

Le seigneur de Vendegies avait conçu le projet de former à Douai un nouveau monastère et déjà les travaux de construction étaient commencés sur un emplacement dit la *Motte-de-Douai*, lorsqu'il vint à mourir ; dame Florence de Verquigneul, ancienne chanoinesse de Moustier-sur-Sambre et depuis religieuse à l'abbaye de Flines le fit achever (1). Six religieuses de

(1) On connait trois ouvrages sur Florence de Verquigneuil, le plus ancien a été imprimé à Douai, chez Derbaix, en 1753.

cette maison vinrent habiter le nouveau monastère le
17 novembre 1604. Il prit le nom d'abbaye de Notre-
Dame-de-la-Paix (*Beatæ Mariæ de Pace Parthenone*)
de l'ordre de saint Benoit. Le 5 décembre suivant,
l'évêque d'Arras, Jean Richardot, lui donna la règle
et l'habit. Le 30 mai 1609, Paul Boudot, qui avait
succédé à Richardot, posa la première pierre de leur
église.

Cette maison a compté 9 abbesses, la dernière en
exercice en 1789, se nommait Marie-Anne Boutry (1).

Les sœurs de Notre-Dame-de-la-Paix quittèrent
leur maison en septembre 1792, et elle fut vendue par
l'État en mai 1796.

Ce monastère était situé à l'extrémité nord de la
rue Durutte, et son entrée était vis à vis la rue qui
porte encore son nom. Le terrain qu'elle occupait est
aujourd'hui compris dans le périmètre de la gare du
chemin de fer.

On y remarquait un tableau d'une grande propor-
tion, d'une belle exécution, représentant saint Bernard
faisant fuir le duc d'Aquitaine en lui présentant l'hos-
tie ; et un autre tableau à deux volets, représentant
Jésus, couronné d'épines.

(1) Voir pour la nomenclature des abbesses, Plouvain. — *Souvenirs*.

COUVENT DE ST-THOMAS.

Le couvent de St-Thomas n'avait été primitivement qu'un hôpital , fondé en 1378 , par Wautier Bellami (d'autres ont dit de Bellain) , surnommé Lentailleur , pour y loger des passants , soigner des malades. Il était desservi par des Béguines. L'an 1479, Marie de Bourgogne , comtesse de Flandre , remplaça les Béguines par des religieuses du tiers-ordre de St-François, dites sœurs grises. Dans le même temps , Robert Waghe, par ses libéralités, agrandit cet établissement. Quoique ces religieuses eussent l'administration de l'hôpital , le couvent en était indépendant et possédait des propriétés qui lui étaient particulières.

Il y avait dans cette maison une belle chapelle dans laquelle était vénérée *Notre-Dame de Bonne-Espérance.*

Les religieuses quittèrent leur maison en 1792 , et elle fut remise à l'administration des Hospices. Celle-ci en 1804 , fut autorisée à en faire l'échange contre des biens ruraux , avec un particulier. St-Thomas devint alors un annexe du magasin des lits militaires. Son entrée était rue St-Jacques , sur l'emplacement de l'*hôtel de l'Europe* et de la demeure de M. Remy du Maisnil.

CONGRÉGATION DES FILLES DE S^TE-AGNÈS.

Une sainte fille , Réfroy Duflos , avait reçu en don d'un seigneur de Vendegies , une maison avec jardin , sise rue St-Eloi, aujourd'hui rue de Paris. En 1580 , elle y fonda un établissement pour l'éducation des filles pauvres. En 1600 , cette maison fut légalement auto-risée par l'évêque d'Arras et le conseil de la ville ; ce qui fut confirmé par un placard de Philippe II , roi d'Espagne et plus tard par lettres patentes de Louis XV, de janvier 1765.

Cette congrégation, dite *Institut de Ste-Agnès*, était régie par une loi commune que l'on pourra apprécier par les extraits suivants :

« On ne recevra autres filles pour demeurer en la-
» dite maison, que celles qui seront en *virginité* , de
» bonne fame et renommée , et qui auront bon désir
» et ferme propos de garder les commandements de
» Dieu et de notre mère la sainte église....

» Toutes se garderont soigneusement d'oisiveté ,
» curiosité, mensonges, impatiences, paroles malséan-
» tes et de toutes autres péchés , *tant qu'elles pour-*
» *ront.*

» Elles iront à confesse une fois la semaine et tien-

» dront au même confesseur, qu'elles pourront choi-
» sir, sans courir à divers, ce qui serait signe de
» curiosité, inconstance, légèreté, soupçon ou d'une
» conscience moins tranquille, ouverte, ronde et sin-
» cère, etc.... »

Cette maison, supprimée en 1792, fut vendue par l'État le 26 mai 1796. C'est de nos jours le beau *Jardin du Nord*, le *Tivoli* douaisien, et un établissement de bains.

COUVENT DES FILLES DE ST-JULIEN.

Des religieuses du tiers-ordre de St-François qui demeuraient à Wervick, obtinrent du conseil de la ville, le 10 janvier 1581, la permission de venir s'établir à Douai à l'Hôpital de St-Julien, pour le desservir (1). Cet hôpital existait depuis la fin du XIII° siècle. Les saintes filles s'y consacrèrent à l'instruction de la jeunesse. Leur fondation avait été confirmée par lettres patentes du roi Louis XV, en janvier 1765.

---

(1) Leur monastère à Wervick avait été renversé par les hérétiques.

Cette maison fut vendue par l'État en juillet 1796. Sur son emplacement se trouve maintenant la brasserie de M. Dejeaghère et quelques demeures particulières.

ANNONCIADES.

Cet ordre a été institué par Jeanne de Valois , fille de Louis II et duchesse de Berry.

La maison des religieuses Annonciades était située à l'ouest de la place de St-Nicolas , à l'extrémité nord de la rue du Grand-Bail. Le conseil de la ville , le 22 novembre 1612, avait accordé à sept sœurs de cette congrégation du couvent de Béthune , de former un monastère à Douai, sur un emplacement qu'elles avaient reçu en don d'une demoiselle Wacca ; elles s'y installèrent en 1613.

Cette maison a compté 44 supérieures dites *prieures*. La dernière fut Cécile Gavrelle.

Les Annonciades portaient un voile noir, le manteau blanc , le scapulaire rouge , la robe grise et la ceinture de corde.

Elles durent quitter leur maison en 1792 , et l'État

la fit vendre le 7 septembre 1795. Sur son emplacement ont été construites des maisons particulières.

CLAIRISSES.

La maison des Clairisses ou *Sœurs de Sainte-Claire*
a été fondée en 1613 par les libéralités de Marie de
Merkem, dame d'honneur d'Isabelle , gouvernante des
Pays-Bays. Le comte de Tiros, à cette époque, amena
de Saint-Omer quelques religieuses pour la constituer.

Le conseil de la ville donna son autorisation à cet
établissement. Les abbayes d'Anchin et de Marchiennes
lui firent divers dons.

Les Capucines pendant le siége de la ville de 1710,
se réfugièrent aux Clairisses, et lors de celui de 1712,
les Clairisses cherchèrent un asile chez les Capucines.

Les Clairisses étaient habillées d'une robe de serge
noire, ceinte d'une corde blanche ; voile blanc pour
leur couvrir la tête. Lorsqu'elles sortaient elles portaient un manteau noir.

Les sœurs Clairisses faisaient avec beaucoup d'art
et de goût des figurines pour l'ornement des chapelles.

Le couvent des Clairisses a été vendu par l'État le 28 octobre 1793. On y a établi une maison de carosserie.

COUVENT DE S^{TE}-CATHERINE DE SIENNE.

Le monastère de Ste-Catherine de Sienne était situé aux coins des rues des Vierges et des Récollets-Anglais à l'ouest ; il appartenait à l'ordre de St-Dominique. La ville ayant autorisé la fondation de cet établissement le 22 juillet 1622 , les Dominicains amenèrent à Douai, quelques religieuses du couvent de la Thieuloye , près d'Arras , et les établirent dans le lieu que nous avons indiqué et qui provenait d'un docteur ès-lois, nommé Vanderpiet. Ce couvent avait une jolie petite église , laquelle avait été consacrée par l'évêque d'Arras , Paul Boudot , en juillet 1627 Cette église était richement ornée et éclairée par dix-huit beaux vitreaux. On y voyait des statues en pierre de saint Dominique , de saint Thomas , de sainte Catherine de Sienne , de sainte Marguerite de Hongrie , hautes de quatorze pieds « fort *enrichies* et *albastrées*. La sacris-

» tie était garnie de très précieux ornements , d'une
» magnifique argenterie de trois beaux calices , d'un
» ciboire , d'une remonstrance , le tout doré. Et de
» plus, de lampes d'argent , une desquelles est très
» belle et extraordinaire, et c'est la première que l'on en
» vit en ce pays de cette façon, elle est haute de deux
» aulnes et demy et large d'une aulne et demy. Et de
» beaucoup d'autres richesses. Cette sacristie aussi
» bien que ce couvent à son jardin spacieux , envi-
» ronné d'un double canal qui bénéficie extrêmement
» et la maison et le jardin. » Ainsi s'exprime Cousin.

Les religieuses de Ste-Catherine , comme apparte-
tenant à un ordre *mendiant*, jouissaient de l'exemption
de tous impôts et d'autres priviléges concédés à ces
ordres.

Le couvent de Ste-Catherine avait plusieurs bons tableaux et de curieux manuscrits.

Le nombre de reliques que possédait ce couvent
était considérable , on y voyait entr'autres, deux morceaux de la *vraie et sainte Croix* ; et on les portait en
procession solennelle par la ville le 25 mars jour de
l'annonciation de la Vierge.

Supprimée en 1792, on fit de cette maison un lieu de
détention pour les prêtres qui refusaient le serment, et
ensuite une manutention de vivres pour les pauvres.
Vendu plus tard en 1796 , on y construisit diverses
demeures. Les canonniers de la garde nationale en
firent après leur hôtel. L'institution, dite *de St-Amé*,
l'occupe aujourd'hui.

SŒURS HOSPITALIÈRES DE L'HÔTEL-DIEU.

L'Hôtel-Dieu fut élevé sur son emplacement actuel en septembre 1628, pour le service des malades pauvres ; mais seulement en 1630, vinrent de Valenciennes, des sœurs hospitalières pour le desservir. Le roi confirma cet établissement par lettres patentes de mai 1714. En 1792, les sœurs de charité quittèrent cet hôpital qui fut confié à des personnes séculières. Depuis le 20 juin 1851, les sœurs de charité sont replacées à la direction de cet établissement, qui sert aussi d'hôpital militaire et dans lequelle on a formé nne salle d'accouchement au mois de janvier 1857 (1).

(1) Les filles ou sœurs de charité furent instituées dans la Bresse, en 1617, par saint Vincent de Paule, comme confrérie, comme servantes des pauvres malades. C'est ce saint personnage qui rédigea leurs statuts et réglements. On les nomma d'abord *sœurs grises*, parce que leur habillement était gris. — Voir en outre, Éloge de M. Lewarde, *Mém. de la Soc. d'agrit.*, p. 570.—1849ᵐ51.

COUVENT DES CARMÉLITES-DÉCHAUSSÉES.

L'institution des Carmélites-Déchaussées, selon la réforme de sainte Thérèse, date de 1562. Elle a été créée par le pape Pie IV. Ces religieuses sont entièrement cloîtrées. Leur costume se compose d'une robe avec scapulaire de drap couleur de Minime ou tannée, appelée en espagnol *xerga* ou *sayal* ; au chœur elles mettent un manteau blanc et un voile noir.

Sur la demande des Carmes-Déchaussées, les recommandations des archiducs et du gouverneur de la province, le conseil de la ville, en septembre 1625, avait autorisé ces religieuses à former un monastère à Douai, elles vinrent de Mons et en attendant qu'une maison leur fut bâtie, l'abbé de St-Vaast les fit loger dans son refuge. Trois années après, elles construisirent leur maison rue Morel, sur un terrain aujourd'hui dépendant de l'Arsenal. Ce monastère fut vendu par l'État en 1795.

Les Carmélites ont été rétablies à Douai, par ordonnance du 26 avril 1829. Elles furent logées d'abord rue de l'Abbaye-de-Paix ; mais lors de la création du chemin de fer, leur maison ayant été expropriée, elles firent construire une nouvelle demeure et une vaste

9

chapelle rue de l'Arbre-Sec , et s'y installèrent le 22 septembre 1847.

COUVENT DES BRIGITTINES.

Les religieuses Brigittines qui se trouvaient en trop grand nombre à Lille obtinrent , le 17 août 1626 , l'autorisation , sur la recommandation des évêques d'Arras et de Tournai, d'établir un monastère à Douai, le roi confirma cette mesure par lettres patentes du mois de juillet 1775. Ces sœurs se consacraient à l'instruction publique et avaient de nombreuses pensionnaires. Elles quittèrent leur maison, située rue St-Jean, rang du sud, le 30 août 1792. Ce local fut alors affecté au logement des troupes, on le vendit en 1796. L'acquéreur en fit une belle demeure, qui fut occupée par lui, et ensuite par d'autres personnes distinguées.

Elle appartient aujourd'hui à une association , c'est le collége avantageusement connu , sous le nom de St-Jean.

COUVENT DES CAPUCINES.

Les Capucines nommées d'abord les *Filles de la Passion*, furent instituées à Naples en 1538, par Marie-Laurence Longa. On les désigna ensuite sous la qualité de *Religieuses pénitentes de St-François*. Elles furent autorisées à s'établir à Douai par délibération du conseil de la ville 23 du août 1629. Une princesse de Ligne, qui prit le voile dans cette maison, le 25 octobre 1637, lui fit des dons importants.

Les Capucines portaient le même costume que les Clairisses.

Leur demeure fut vendue par l'Etat le 7 septembre 1795. Elle était sur le rang nord de la rue d'Equerchin. C'est aujourd'hui une belle habitation occupée par M. Prevost.

CONGRÉGATION DE NOTRE-DAME.

L'établissement de la congrégation des religieuses , dites de Notre-Dame, pour l'instruction de jeunes filles, fut autorisé par le conseil de la ville en juin 1683 ; mais ces sœurs n'arrivèrent à Douai qu'en 1699 ; elles venaient de la maison de Sepmeries près Valenciennes. Elles louèrent d'abord une maison rue du Mont-de-Piété. En 1730, elles achetèrent un terrain, borné par les rues du Pont-des-Pierres et de St-Julien et y bâtirent leur monastère. En 1765 , elles obtinrent la permission de réunir à leur maison les bâtiments et terrains dela fondation de Notre-Dame-des-Sept-Douleurs.

Cette maison fut en grande renommée dans le pays, on y recevait des pensionnaires et des externes. La noblesse et la bourgeoisie y envoyaient leurs filles. Elle fut fermée en 1792 , et ses bâtiments servirent d'annexe à l'Hôpital-Militaire. L'Etat la vendit en 1795 ; des particuliers qui s'en étaient rendus acquéreurs y firent construire des demeures particulières. L'entrée se trouvait sur l'emplacement de celle de **M.** le conseiller Minart.

LA PROVIDENCE ou FILLES DU BON PASTEUR.

Cette maison fut constituée à Douai en 1680 , à la sollicitation du curé de la paroisse St-Jacques et avec l'assentiment du conseil de la ville. Les filles du Bon-Pasteur vinrent de Paris ; elles s'adonnaient à l'instruction de la jeunesse et principalement des filles pauvres. Elles furent plus tard chargées de la garde et de l'entretien des filles de mauvaise vie , et la ville alors augmenta les secours qu'elle leur accordait. Expulsées de leur maison en 1792 , on fit de leur demeure une prison pour les nobles, arrêtés sur l'ordre des représentants, et ensuite pour les femmes accusées de crimes.

En mai 1806 , le Maire rétablit les filles de la Providence dans leur institution primitive. Leur maison était sur le rang nord de la rue des Malvaux, le terrain qu'elle occupait fait partie du quartier dit de Marchiennes.

Par ordonnance du 22 avril 1827 , cette communauté a été définitivement autorisée. De la rue des Malvaux elle a été transférée rue de la Charte , auprès du Musée sur le rang nord.

SŒURS DE LA CHARITÉ.

Les sœurs de charité furent établies à Douai qu'en 1779. M. de Calonne, premier président au Parlement, père du contrôleur-général des finances, qui avait fondé une institution pour l'extinction à Douai , de la mendicité, obtint du roi, à cette époque que six sœurs de charité fussent chargées de ce soin. On les installa au Béguinage, et l'on dut la dotation de cet établissement aux fondations de Marie de Wattines , de Lemaire, de Laubegeois et des Clercs-Parisiens. Cet établissement fut supprimé en 1793. Le local et les biens de sa dotation retournèrent à l'Hôpital-Général.

Dans la maison du Béguinage , se trouvent placés de nos jours , le Mont-de-Piété et une école fondée et dotée par le respectable M. De Forest de Lewarde.

SŒURS DE CHARITÉ DE ST-VINCENT DE PAULE.

————

Ce nouvel institut n'a paru à Douai qu'en 1836. C'est au vénérable M. De Forest de Lewarde qu'on doit leur établissement. Ces sœurs se consacrent au soulagement des pauvres malades, à la distribution des secours qui leurs sont destinés. En outre, elles reçoivent de jeunes orphelines auxquelles elles donnent la nourriture et l'instruction, et à l'entretien desquelles elles pourvoient. Ces sœurs habitent rue du Clocher-St-Pierre.

————

SŒURS DE S^{TE}-MARIE.

————

Une ordonnance du 25 décembre 1825 autorisa l'établissement à Douai des sœurs de Ste-Marie, dites de St-François, sous l'invocation de Notre-Dame-de-Consolation et du refuge. Cette maison fut encore fondée par les libéralités du respectable M. De Forest de Lewarde. Logées d'abord dans l'hôtel de Melle Simon de Bersées , rue des Wetz ; ces sœurs quittèrent cet hôtel le 18 août 1835 et furent s'établir rue des Carmes, dans l'ancien couvent des Pères de l'Oratoire. Elles se consacrent à la garde des malades , tant de l'intérieur que de l'extérieur de la ville   Leur maison sert aussi de refuge et d'asile aux personnes âgées de la classe honnête, moyennant une pension très modérée.

D'après le réglement de leur fondateur du 16 août 1826 , elles doivent tenir aussi une école de jeunes filles. Lorsque l'établissement jouira entièrement de ses revenus......—y seront admis gratuitement les prêtres infirmes des diocèses de Cambrai et d'Arras ; les malades infirmes de l'un et de l'autre sexe de familles déchues , de bonnes vie et mœurs ; — les instituteurs , artistes distingués, négociants, marchands jadis établis qui sont déchus de leur état d'aisance ainsi que les pauvres honteux.

REFUGES

DES MAISONS RELIGIEUSES

AYANT EXISTÉ A DOUAI.

« Deus noster refugium.... »

Les refuges étaient des asiles , des lieux assurés ou se retiraient les religieux et les religieuses dans les temps de danger , pour échapper aux invasions , aux gens de guerre ; ils ne s'établissaient que dans les places fortes comme l'était Douai.

—

L'abbaye d'Anchin avait deux maisons de refuge à Douai. La plus ancienne était située dans le cimetière Notre-Dame. Sa chapelle fut bénite le 22 mai 1440. Charles-le-Téméraire , duc de Bourgogne , comte de Flandre , logea dans ce refuge le 15 mai 1472 ; et l'archiduc d'Autriche Philippe-le-Bon , aussi comte de Flandre, y descendit le 22 juin 1499. Il fut supprimé au moment de la Révolution. Sur son emplacement se trouvent aujourd'hui des demeures particulières et un magasin de sable.

Le second était dans la rue des Jésuites, à présent de la Charte, sur le terrain des *Sœurs de la Providence*.

—

L'abbaye de St-Calixte, de l'ordre de St-Augustin, à Cysoing, possédait un refuge rue des Wetz, vis à vis celle des Bonnes. Supprimé à la Révolution, on y a construit l'hôtel qu'habite M. le Premier Président de Moulon et la maison qui l'avoisine au nord.

—

L'abbaye de l'honneur de Notre-Dame de Flines avait un refuge, d'abord rue du Vieux-Gouvernement.

Il fut vendu au mois de juillet 1779. Il occupait l'emplacement de la maison n° 11. Ce refuge fut ensuite rue Morel, sur l'emplacement de l'hôtel de M. le baron de Warenghien, conseiller à la Cour.

—

L'abbaye de St-Bertin de St-Omer, autrefois abbaye de Sithiu, en Morinie, fondée dans le VIIe siècle, avait un refuge qui avait été établi vers 1630, sous l'administration de Philippe Gillocq. Des troupes y furent logées en 1680. Il était situé rue Gamel ou Gamez ; sa suppression date du commencement du XVIIe siècle. Il se trouvait sur l'emplacement du *Petit-Collége* que l'on vient de construire au sud de cette rue.

—

L'abbaye de Bénédictins d'Hasnon, fondée vers la fin du VIIe siècle, possédait un refuge à Douai. Il était situé rue du Vieux-Gouvernement sur le rang du couchant.

———

L'abbaye des chanoines réguliers de St-Augustin, *d'Hénin-Liétard*, avait son refuge rue des Vierges, sur le rang ouest ; il occupait l'emplacement de l'auberge du sieur Leroy et de la demeure de M. le président Dumon.

———

L'abbaye des Bénédictins de Marchiennes, possédait dès le XVIe siècle, un refuge donnant sur la rue du Palais et sur la place de ce nom, dite alors *Banc des Agaches*. Ce refuge en 1714 fut vendu pour la construction du Palais-de-Justice, lors de l'établissement du Parlement à Douai. Ce refuge fut alors transféré rue *St-Franchois* ou des Wetz, sur l'emplacement actuel d'une partie du quartier de Marchiennes.

———

L'abbaye des Bénédictins de St-André du Câteau, avait un refuge à Douai, qui primitivement fut placé rue des Dominicains. Il fut établi dans le XVIIe siècle, auprès de la porte d'Equerchin, rang sud. Sur son terrain, fut construit à la fin du siècle dernier, par M. Desmons, un hôtel habité maintenant par M. Dronsart.

———

L'abbaye des Bénédictins de St-Vaast d'Arras, avait établi un refuge sur le rang est de la rue du Vieux-Gouvernement. La ville l'acheta en 1677 et le fit approprier pour y loger le gouverneur. Cet hôtel avait été incendié lors du siége de Douai en 1710. Il fut reconstruit et devint plus tard la demeure de M. Deprets de Quéant. Les Pères Rédemptoristes en ayant fait l'acquisition s'y sont logés et ont fait construire au côté nord une gracieuse église.

— *

L'abbaye de religieux de l'ordre de Citeaux, placé à Vaucelles, près Cambrai, avait son refuge rue d'Equerchin, vis à vis la rue du Bloc. C'est aujourd'hui la demeure de Mme Coutelier-Porret.

—

En 1532, *l'abbaye d'Arrouaise* avait un refuge sur le rang ouest de la rue du Vieux-Gouvernement, vis à vis celle du Béguinage. Vendu dans le siècle dernier, sur son emplacement, M. Caullet, peintre, professeur de notre académie de dessin, y avait fait construire une jolie demeure qui a été achetée par M. Deloffre qui l'habite.

—

L'abbaye des Dames-du-Verger, de l'ordre de Citeaux, placé à Oisy, avait son refuge sis rue du Grand-Bail, rang de l'est.

—

L'abbaye du Mont-St-Eloi, près d'Arras, avait un refuge rue du Vieux-Gouvernement, où est aujourd'hui la brasserie de M. Honoré, dite brasserie *St-Eloi*.

Tous ceux de ces établissements qui existaient encore ont été vendus par l'Etat en 1791.

CHAPELLES.

« Ne passez jamais devant l'humble chapelle
Sans y rafraîchir les rayons de vos yeux.
Pour vous éclairer c'est Dieu qui vous appelle ;
Son nom, dit le monde, à l'enfant qui l'épèle
Et c'est, sans mourir, une visite aux cieux. »

Presque toutes les maisons religieuses, les colléges, les hôpitaux avaient des chapelles avant 1791. Il en existait une à l'Hôtel-de-Ville, dont feu Pilate-Prévost, secrétaire de la Mairie, nous a donné la description dans sa *Notice historique sur l'Hôtel-de-Ville*, imprimée en 1838. Une autre à l'ancienne prison de la ville attenante au beffroi ; celle-ci possédait des reliques des onze mille vierges. Le Parlement avait la sienne.

Quatre se trouvaient sur le rempart : une vis à vis le Barlet ; une autre vis à vis la branche de dérivation de la Scarpe, dite Four-aux-Eaux, qui coule au Grand-Bail ; une troisième au haut de la rampe de la porte d'Arras, vers la porte d'Equerchin ; et la quatrième vis à vis l'ancien bastion de Chartres, derrière le quartier d'Equerchin.

La chapelle des *Ladres,* autrement dite des *malades ès-faulxbourgs,* était située sur la gauche de la chaussée au sortir de la porte Notre-Dame. Elle existait déjà dans le XVIe siècle , car le 5 octobre 1562 , lors de l'installation de l'Université , le cortége qui était allé au-devant des docteurs y fit une pause.

—

La chapelle de *Ste-Marie-Magdeleine* , avait été érigée en 1248 par Pierre Honoric , pannetier du roi saint Louis, après la visite que ce monarque avait faite à la ville de Douai. Elle avait son entrée par la rue de la Madeleine , à laquelle elle a donné son nom. C'est sur son emplacement qu'a été élevé le dôme de l'église de St-Pierre (1).

—

La chapelle de *Notre-Dame-Auxiliatrice.* Elle était située rue d'Arras à la droite de l'église des Capucins. En 1791, elle fut vendue et bientôt après démolie.

—

La chapelle de *Notre-Dame-qui-Pleure.* Elle se trouvait à l'angle nord de la rue St-Jacques et de celle des Carmes. Sa suppression date de 1772. Sur son emplacement a été bâtie une boulangerie.

---

(1) Voir plus haut la notice sur St-Pierre.

La chapelle de *Notre-Dame-des-Wetz* a été érigée vers le milieu du XIIIe siècle, au couchant de la place des Wetz, en dedans de la porte qui portait ce nom, avec la permission du chapitre de la Collégiale de St-Pierre. En 1412, on l'avait entourée de murailles. Les cardinaux, en 1512, avaient accordé des indulgences à ceux qui la visitaient. Elle fut vendue au moment de la révolution. A cette époque on transporta la statue de la Vierge que l'on y vénérait aux *Petites-Boucheries*, qui en étaient voisines, aujourd'hui l'école de l'enseignement mutuel. Sur l'emplacement de la chapelle se trouve à présent un cabaret.

———

La chapelle de *St-Eloi* dépendait du Chapitre de St-Pierre ; elle était érigée sur l'emplacement du corps-de-garde de la porte de Paris.

———

La chapelle de *St-Nicaise*, d'abord située sur la place de St-Jacques, ainsi que nous l'avons dit, fut transférée, lors de la construction de l'église, rue du *Mès*, aujourd'hui de l'Université, rang de l'est, vers le milieu de cette rue. Elle a été supprimée en 1735.

———

La chapelle de *Ste-Catherine* était établie rue des Dominicains, alors rue du *Chastel-Bourgeois*. Elle avait été fondée par les seigneurs d'Auby, de la maison de la Tramerie. On y célébrait les offices divins et elle était desservie par les Pères Dominicains. On la ferma lors de la révolution. On en voit encore l'extérieur ; elle fait partie de la demeure de M. Poulain , entrepreneur.

—

La chapelle du *Dieu-de-Piété* se trouvait sur le cimetière de l'église de St-Nicolas , occupé de nos jours par une salle d'asile, des maisons d'ouvriers, etc. Son état de vétusté l'avait fait abandonner , et elle servait de retraite à des vagabonds, à des malfaiteurs et à des filles de mauvaise vie. Elle a été démolie en octobre 1786.

—

La chapelle de *Ste-Marguerite*. Elle se trouvait au coin de la rue St-Julien et à l'angle sud de celle du Pont-des-Pierres. Elle a été démolie dans le milieu du siècle dernier , et le terrain qu'elle occupait a été enclavé dans l'hôtel *aux quatre coins*, occupé maintenant par M. Alfred Dupont, avocat.

PÉLERINAGES.

Saint-Léonard de Raches

Vers 1444 , le seigneur de Raches fit élever à Raches, une chapelle consacrée à saint Léonard , et y fit porter une belle relique du glorieux confesseur. En l'an 1593, la terre de Raches fut vendue aux seigneurs de Berghes St-Vinoc , qui prirent cette chapelle sous leur protection. Bientôt elle fut en renom à cause des miracles du saint. On y allait en pélerinage pour le redressement des membres estropiés , pour *le feu de saint Antoine,* les convulsions, les suffocations, l'apoplexie , la paralysie , pour la surdité , la cécité , les névralgies ou migraines.

Les parois de la chapelle étaient garnies de tableaux représentant les miracles opérés par l'intercession de saint Léonard. On en voyait un au bas du quel on lisait : « Louyse de Lorraine , princesse de Ligne a » donné une table d'autel en mémoire des faveurs » reçues de saint Léonard. »

Cette chapelle était le but de nombreux pélerinages, et elle est encore fréquemment visitée de nos jours (1).

De Saint-Fiacre à Lauwin-Planques.

Il existait à Lauwin une chapelle consacrée à saint Fiacre, et qui, selon la tradition, y avait été construite vers la fin du XIIe siècle par un hermite , qu'on disait issu des seigneurs d'Ardres. On y allait *invoquer les faveurs du Ciel*. Elle avait une sorte de célébrité par le grand nombre de pieux voyages qui s'y fesaient, les promenades et les divertissements qui avaient lieu à Lauwin à l'occasion de ce pélerinage, surtout pendant la neuvaine du saint à la fin d'août et au commencement de septembre. Cette chapelle était desservie par un prêtre, qui y avait logement, jardin et jouissait d'un bénéfice suffisant à son entretien. Ce chapelain était à la nomination des seigneurs de Planques ; plusieurs avaient été enterrés dans cette chapelle , qui a été démolie dans le milieu du siècle dernier.

---

(1) On a imprimé, en 1817, chez Vilette, à Douai.—« Abrégé de
» la vie et des miracles de l'illustre confesseur de J.-C. saint
» Léonard, *premier saint de la couronne de France.* »

De l'église de Flers.

L'église de Flers possède comme relique un os d'un des bras de saint Amand , patron de cette église , enchâssé dans un beau reliquaire. On y va en pélerinage pour la guérison des maux d'yeux. Le 26 octobre , la relique est exposée sur l'autel de St-Amand. A l'offrande on vient la baiser, sans pouvoir la toucher.

De la chapelle de Pecquencourt.

Il existait autrefois au village de Pecquencourt une chapelle isolée, où se fesaient des pélerinages , chaque année, le jour des Rois. On distribuait dans cette chapelle une eau dite *grégorienne ,* et à laquelle on attribuait la puissance de guérir les possédés et d'écarter les maléfices. Un peuple nombreux y accourait de tous les environs , avec des pots et des bouteilles , pour y prendre de cette eau. Mais ces pélerinages ayant donné lieu à des scènes scandaleuses, ils furent supprimés en

1778, sur un ordre du Parlement et d'après un réquisitoire de M. Franqueville d'Abancourt, procureur-général.

On avait fait sur cette eau un chant très peu religieux, dit *canchon d'Anchin*, que l'on pourra apprécier par le couplet suivant :

O bon roi Maurienne
Dont l'eau grégorienne
Chasse le mal esprit,
Attièdis donc l'amour,
Qui la nuit et le jour,
En tous lieux me poursuit.

De Notre-Dame-des-Affligés.

La chapelle de Notre-Dame-des-Affligés se trouve dans la commune de Cuincy ; on ne connait pas positivement à quelle époque elle fut établie. Sa fondation est attribuée à un baron Blondel, seigneur de Cuincy, qui vivait dans le XVIIe siècle. Le nom de cette chapelle indique assez quel est le but dans lequel s'y font les pèlerinages.

Une confrérie de Notre-Dame-des-Affligés a été érigée en l'église de Cuincy le 3 mai 1843. Le pape

Grégoire XVI, qui occupe de nos jours le Saint-Siége , lui a accordé des indulgences. La fête principale de cette confrérie est fixée au jour solennel de l'Assomption de la bienheureuse Vierge-Marie. Elle a quatre autres fêtes secondaires : à l'Annonciation, le vendredi après le dimanche de la Passion , les jours de la Nativité et de la Conception immaculée de la Sainte-Vierge.

C'est le lundi de Pâques que le pélerinage est le plus nombreux ; on y vient des lieux les plus éloignés de la contrée. On y a compté de dix à douze mille personnes, dans les années où ce jour était favorisé par un beau temps.

De Notre-Dame de Waziers.

Le pélerinage de Notre-Dame de Waziers remontait à la fin du XVIe siècle. Une chapelle avait été construite près de la route de Douai à Lille : il était très suivi. « La Vierge-Marie y rendait la vie aux enfants » morts sans baptême ; on allait aussi servir Notre- » Dame pour les fièvres et autres maladies corpo- » relles. »

Dans son voisinage, mais plus rapprochée de Douai,

était une autre chapelle, celle de *Notre-Dame-de-Joie*. Elle était aussi visitée pour les fièvres ; le peuple y affluait surtout le vendredi de chaque semaine. Elle avait été fondée à la fin du XIVᵉ siècle , par l'évêque d'Arras, Canart.

De Saint-Maur à Raimbeaucourt.

Il y avait autrefois un pélerinage à Raimbeaucourt fort suivi. On y venait du Hainaut, du Cambrésis , de la Flandre et de l'Artois. Il se faisait en l'honneur de saint Maur. On vendait dans la chapelle des *jarretières contre la crampe*.

De l'Abbaye de Flines.

Nous avons parlé de ce pélerinage plus haut , dans la notice sur l'abbaye de Flines.

CONFRÉRIES.

———

Les confréries n'ont pris naissance qu'après les croisades. Celle de *Notre-Dame*, instituée en 1168, sous le règne de Louis VII ou le jeune, peut passer pour la première établie en France. Ces associations se multiplièrent bientôt en tel nombre qu'il fallut arrêter leur essor ; ce que firent les Conciles.

—

La confrérie de *Notre-Dame-du-Rosaire* fut érigée chez les Dominicains, lors de la fondation de cette maison. Elle se composait des personnages les plus distingués de la cité.

—

Le chapitre des Récollets-Anglais avait une confrérie du *tiers-ordre de St-François,* ses membres appartenaient aux deux sexes.

—

La confrérie de *Notre-Dame-Auxiliatrice*, avait été

fondée par les pères Capucins ; elle se composait de jeunes filles.

———

Celle de l'*Immaculée Conception* était dans la maison des Récollets-Wallons. Ses membres étaient des avocats et des procureurs. Le *Prince* annuel de cette confrérie était tenu de donner chaque année un splendide repas à ses confrères et aux Récollets.

———

Chez ces mêmes Récollets était la confrérie de *Notre-Dame-des-Sept-Douleurs* ; elle avait été établie le 12 janvier 1573. Le dimanche après les Rois, on y lisait des poésies en l'honneur de la Vierge. Cette association n'existait plus en 1790.

———

Une confrérie de *Notre-Dame-des-Sept-Douleurs* existait aussi à St-Pierre. Sa règle a été imprimée à Douai chez J.-F. Willerval, en 1727.

———

Chaque église, celle de St-Amé exceptée, avait, comme de nos jours, une confrérie des *Trépassés*.

———

Chacune d'elles avaient aussi sa confrérie du *Saint-Sacrement*. L'église de St-Amé en avait même deux : la grande et la petite. La première se composait des personnages les plus distingués de la ville et la seconde de la bourgeoisie inférieure.

—

Une confrérie particulière de *St-Roch* existait aux Trinitaires.

—

Une grande partie de nos rues avait sa confrérie de *St-Roch*, dont on invoquait l'intercession contre la peste.

—

Dans l'église de St-Pierre sont aussi des confréries *de la Vierge et du Sacré-Cœur*.

—

Dans celle de St-Jacques sont les confréries du *St-Sacrement-de-Miracles*, — *de la Sainte-Vierge* et une archiconfrérie du *Sacré-Cœur de Marie*.

Les amateurs d'horticulture et les jardiniers-fleuristes, en 1663, avaient établi, dans l'ancienne paroisse de St-Jacques, une confrérie de *Ste-Dorothée*. Elle existe toujours dans la nouvelle paroisse.

—

Nous avons parlé de la confrérie des *Clercs Parisiens* dans l'article relatif à l'église de Notre-Dame.

—

NOMS

DES PERSONNES, ECCLÉSIASTIQUES ET AUTRES,

nées à Douai et dans sa contrée,

QUI ONT ÉCRIT SUR DES MATIÈRES RELIGIEUSES,

———❦———

BEAUCHAMPS (Raphael de), docteur en théologie, moine de l'abbaye de Marchiennes, né à Douai en 1571.

BELLEGAMBE (François de), jésuite, né à Douai en 1628.

BRON ou BRONTIUS (Nicolas de ou le), jurisconsulte, né à Douai le 3 février 1513.

CAILLET (Jean), jésuite, né à Douai le 4 septembre 1628.

CAMBRY (Jeanne), née à Douai le 15 novembre 1581.

CAOURSIN (Guillaume), vice-chancelier de l'ordre des chevaliers de Rhodes, né à Douai en 1430.

CAPELLE (Louis), curé de St-Géry à Valenciennes, né à Douai le

CAULIER (Simon), moine de Marchiennes, né à Flines dans le XVIᵉ siècle.

COLPIN (Pierre), né à Douai dans le XVIe siècle.

CROMBECK (Jean de), jésuite, né à Douai en 1563.

DEFRANCE (Jérôme), docteur en droit, né à Noyelles-Godault vers 1520.

DUCROQUET (André), prieur à l'abbaye d'Hasnon, né à Douai au commencement du XIVe siècle.

DUMONT (Paul), greffier de la ville de Douai y naquit en 1532.

DUPLESSIS (Dom Stanislas), bénédictin, né à Douai le 10 août 1718. Ses prénoms étaient *Charles-Erasme Joseph.*

DUTHILLOEUL (Charles), moine, né à Ostricourt en 1540.

DUTHILLOEUL (Eloi), chanoine de Tournai, né à Ostricourt le 16 avril 1575.

ESCALLIER (Enée-Aimé), docteur en médecine, né à Douai en 1794.

FABRI (Jean) dit Lefebvre, bénédictin, évêque de Chartres, né à Douai dans le XIVe siècle.

GUILMOT (Pierre-Joseph), bibliothécaire de la ville, né à Douai le 27 novembre 1754.

LAMBEGEOIS (Antoine), jésuite, né à Douai en 1571.

LEFEBVRE (Turrien), jésuite, né à Douai en mars 1608.

LE GLAY (André), docteur en médecine, archiviste-général du Nord, né à Arleux le 29 octobre 1785.

LEGRAND (Antoine), récollet-wallon, né à Douai au commencement du XVIIe siècle.

LESAIGE (Jacques), pélerin , né à Douai dans le milieu du XVᵉ siècle.

LESSABÉ (Jacques), historien, né à Marchiennes dans le XVᵉ siècle.

MARNE (Jean-Baptiste de), jésuite, né à Douai le 26 novembre 1699.

MAILLY (Mathias de), moine de Cysoing, né à Douai au commencement du XVIᵉ siècle.

PLOUVAIN (Pierre-Antoine-Samuel-Joseph) , conseiller, né à Douai le 7 septembre 1754.

POSSOZ (le père), jésuite, né à Douai le

RAISSE (Arnould) , chanoine de St-Pierre , né à Douai vers la fin du XVᵉ siècle.

ROSIER (Jean) , curé d'Esplechin , né à Orchies en 1563 ou 1564.

TRIGAULT (Nicolas) , jésuite , missionnaire , né à Douai en 1577.

WION (Arnould), bénédictin , né à Douai le 1ᵉʳ mai 1554.

SÉMINAIRES.

———◦✕◦———

Les séminaires de Douai ne furent établis , le plus grand nombre, qu'après la fondation de l'Université. Quoiqu'ils ne fussent que de véritables colléges , comme ils étaient destinés à préparer des jeunes gens au sanctuaire , nous rappelerons ici , succinctement ceux qui existaient à Douai en 1789 , avec la date de la fondation de chacun d'eux. On en comptait alors dix-neuf.

1. Séminaire du Roi, fondé en 1582 , par Philippe II, roi d'Espagne, rue des Ecoles.

2. Séminaire des Evêques , fondé en 1586 , par l'archevêque de Cambrai, rue d'Equerchin.

3. Séminaire Moulart , fondé en 1598 par Mathieu Moulart, évêque d'arras, rue du Pont-des-Pierres.

4. Séminaire de Notre-Dame de la Foi , fondé en 1599, par Mathias Bossemius , professeur de philosophie, prévôt de St-Amé. D'abord rue des Chapelets , transféré rue Morel.

4 bis. Séminaire de la Foi , fondé par Georges Col-

venère et Van Converden , professeur de théologie , et réuni au précédent , rue de la Comédie , autrefois St-Nicola s

5. Séminaire de St-Sauveur ou de Henin, fondé en 1606, par Antoine de Henin, rue Morel.

6. Séminaire de la Motte , fondé en 1603 , par Valentin de Pardieu, pont St-Jacques.

7. Séminaire de la Torre, fondé en 1617, par Gaspard de la Torre , doyen de la cathédrale de Bruges , rue de la Charte.

8. Séminaire de Tournay , fondé en 1630 , par Maximilien de Gand , évêque de Tournay , rue des Wetz.

9. Séminaire des Nobles , fondé par Antoine de Mundé et établi vers 1606 , rue des Carmes , donnant par derrière sur la place St-Jacques.

10. Séminaire du Soleil, fondé par Jean Aparisis en 1600, rue St-Thomas.

11. Séminaire des Irlandais ou de St-Patrice. La date de sa fondation est ignorée, rue des Bonnes.

12. Séminaire de St-Amand , fondé par Nicolas Dubois , abbé de St-Amand , en 1634 , à l'extrémité nord de la rue des Ecoles, réuni à l'Arsenal.

13. Séminaire de St-Amé , fondé en 1582 , par Antoine Surius et Nicolas Formanoir, chanoine de St-Amé, clos, aujourd'hui place St-Amé.

14. Séminaire des Sept-Douleurs, fondé en 1620 ,

par Arnould Vandenhem , doyen de St-Pierre , rue St-Thomas.

15. Séminaire Hattu , fondé en 1631 , par Claude Hattu, bourgeois de Douai, rue de l'Université.

16. Séminaire de Lannoy, fondé en 1662 , par de Lannoy, chanoine et trésorier de St-Amé ; angle nord de la rue du Pont-des-Pierres.

17. Séminaire de l'Enfant-Jésus , fondé en 1703 , par Adrien-François Geet , greffier civil de la ville de Douai, rue de l'Université.

18. Séminaire d'Aubencheul ou du Barlet , fondé en 1543, par Augustin de Benast, place du Barlet.

19. Séminaire des Huit-Prêtres , fondé en 1330 , par Marguerite Mullet, carré St-Pierre et rue des Huit-Prêtres, ci-devant *Espinock-Leroux*.

ÉVÊQUES

———

La ville de Douai ayant appartenu aux siéges épiscopaux de Cambrai et d'Arras , nous croyons utile de
donner la nomenclature des prélats qui ont occupé ces
siéges depuis leurs fondations jusqu'à nos jours. Primitivement ces diocèses eurent un évêque distinct ;
tout est obscurité à cette époque. Notre tableau ne
commencera donc qu'au moment de la réunion des
deux évêchés, sous saint Vaast.

Les listes données par Carpentier (*Histoire du Cambrésis*) et dans la *Gallia Christiana* étant peu exactes,
nous les rectifions d'après les données de M. Le Glay ,
dans ses *Recherches sur l'église métropolitaine de
Cambrai.*

Evêques de Cambrai et d'Arras (1).

1. SAINT VAAST ,   mort en   540
2. SAINT DOMINIC.

———

(1) Nous ne donnons pas la date des nominations , la plupart
incertaines ou inconnues.

3. SAINT VÉDULPHE ,   mort en   584
4. SAINT GÉRI ,   —   624
5. BERTHOALD,
6. ABLEBERT,   —   636
7. SAINT AUBERT,   —   669
8. SAINT VINDICIEN,   —   705
9. SAINT EMEBERT ou HILDEBERT.
10. HUNOLD.
11. SAINT HADULPHE,   —   728
12. TREUVART,   —   750
13. GUNTFROID.
14. ALBÉRIC.
15. HILDOUARD,   —   816
16. HALITCHAIRE,   —   829
17. SAINT THÉODORIC ou THIERRI,   863
18. SAINT JEAN,   —   879
19. ROTRAD,   —   886
20. DODILON,   —   904
21. ETIENNE,   —   633
22. FULBERT,   —   956
23. BÉRENGAIRE,   —   957
24. ENGRAND,   —   960
25. AUSBERT,   —   965
26. WIBOLD,   —   966
27. TEDDON,   —   977
28. ROTHARD,   —   995
29. ERLUIN,   —   1011

30. GÉRARD DE FLORINES,	mort en	1049 (1)
31. B. LIÉBERT,	—	1076
32. GÉRARD II,	—	1092 (2)
33. GAUCHER avec		(3)
34. MANASSÉ.		
35. ODON,		(4)
36. BURCHARD,	mort en	1131
37. LIÉTARD,		(5)
38. NICOLAS,	mort en	1167
39. PIERRE D'ALSACE,		(6)
40. ROBERT,	tué en	1174
41. ALARD,	mort en	1177
42. ROBERT DE WAVRIN,	—	1191
43. JEAN D'ANTHOING,	—	1191
44. JEAN III,	—	1196
45. NICOLAS DE ROEUX,		
46. HUGUES D'OISY,		(7)
47. PIERRE DE CORBEIL,	transféré en	1200
48. JEAN DE BÉTHUNE,	mort en	1219
49. GODEFROI DE FONTAINES,	—	1237

---

(1) Cet évêque est le premier qui ait porté un surnom ; c'est en effet à dater du XIᵉ siècle que les surnoms commencèrent à être en usage.

(2) En 1094, le diocèse d'Arras obtint un évêque particulier.

(3) Transféré en 1105.

(4) Se retira en 1113.

(5) Abdiqua en 1136.

(6) Renonça en 1174.

(7) Renonça en 1198.

50. Gui de Laon,   mort en 1248

51. Nicolas de Fontaines,   —   1272

52. Enguerrand de Créqui, se retira en 1292

53. Guillaume de Hainaut,   mort en 1296

54. Gui de Collemède,   —   1303

55. Phillipe de Marigny, transféré en 1310

56. Pierre de Mirepoix,   —   1324

57. Gui d'Auvergne et de Boulogne,

58. Guillaume d'Auxonne,   mort en 1341

59. Gui de Lévi-Ventadour, transféré en 1348

60. Pierre André,   mort en 1368

61. Robert de Genève,   se démet en 1371 (1)

62. Gérard de Dinville,   mort en 1378

63. Jean S'Terclaes,   —   1388

64. André de Luxembourg,   —   1396

65. Pierre d'Ailly,   se démet en 1411

66. Jean de Gavre,   mort en 1439

67. Jean de Bourgogne,   —   1470

68. Henri de Berghes,   —   1502

69. Jacques de Croy,   —   1516

70. Guillaume de Croy, se démet en 1519

71. Robert de Croy,   mort en 1556

—

L'église de Cambrai fut érigée en archevêché en 1562.

---

(1) Anti-pape sous le nom de Clément VII.

Archevêques.

—

72. MAXIMILIEN DE BERGHES,   mort en 1570
73. LOUIS DE BERLAYMONT,   —   1596
74. JEAN SARRAZIN,   —   1598
75. GUILLAUME DE BERGHES,   —   1609
76. JEAN RICHARDOT,   —   1614
77. FRANÇOIS BUISSERET,   —   1615
78. FRANÇOIS VANDERBURH,   —   1644
79. JOSEPH DE BERGAIGNE,   —   1647
80. GASPAR NÉMIUS,   —   1667
81. LADISLAS JONART,   —   1674
82. BRYAS (Jacques-Théodore de),   —   1694
83. SALIGNAC DE LAMOTTE-FÉNÉLON
    (François de),   —   1715
84. TRÉMOUILLE (Joseph de la),   —   1720 (1)
85. DUBOIS (Guillaume),   —   1723 (2)
86. ST-ALBIN (Charles de),   —   1764
87. CHOISEUL (Léopold-Charles de),   —   1774
88. ROSSET DE FLEURY (Henri-Marie-
    Bernardin de),   —   1781
89. ROHAN (Ferdinand-Maximilien-
    Méréadec, prince de),   se démit en 1801

___

(1) N'a pas résidé.

(2) N'a pas résidé.

Evêques et Archevêques de Cambrai depuis le concordat de 1802.

BELMAS (Louis de), mort en 1841.

GIRAUD, archevêque, cardinal, mort en 1850.

RÉGNIER, archevêque en 1850.

Evêques d'Arras depuis la division.

1. LAMBERT,	mort en 1171
2. ROBERT,	— 1131
3. ALUISIUS,	— 1148
4. GODESCHAL,	— 1164
5. ANDRÉ de Paris,	— 1171
6. FRUMALD,	— 1183
7. PIERRE,	— 1203
8. RADULPHE.	— 1220
9. PONTIUS,	— 1231
10. ASSO,	— 1245
11. FURSÉE,	— 1246
12. JACQUES de Dinant,	— 1260
13. PIERRE II, de Noyon,	— 1280
14. ISIACO (Guillaume de),	— 1293
15. PIGALOTI (Gérard),	— 1311
16. BERNARD,	— 1318
17. PIERRE,	quitta en 1320

18. MANDEVILLE (Jean II, de), passa à un
autre évéché en .   1327

19. HÉRISSON (Théodore),   mort en 1328

20. ROGER (Pierre), mourut cardinal en 1352

21. ANDRÉ devint évêque de Tournai en 1333

22. JEAN III *Galvanus*, cardinal   en 1341

23. BERTRAND, Pierre V, du nom.

24. AYMERIC,   mort en 1361

25. DAINVILLE (Gérard de),   —   1378

26. MASOIS (Pierre),   —   1391

27. CANARD (Jean),   —   1407

28. PORÉ (Martin),   —   1426

29. CAJETAN (Hugues de),   —   1438

30. FORTIGAIRE de Plaisance,   —   1452

31. COIMBRE (Jacques de) , cardinal ,
nommé en   1452

MONTMORENCY (Denis de) , se démet
en 1453 et mourut le 23 août 1474

32. GOFFROY (Jean), cardinal en   1462

33. RANCHICOURT (Pierre de),   mort en 1499

34. RUYSTRE (Nicolas le),   —   1509

35. MELUN (François de),   —   1518

36. LUXEMBOURG (Philippe de), cardinal,
mourut en   1519

37. ANCONITAN (Pierre), cardinal, ne siéga
pas et mourut à Rome en   1523

38. DECROIX (Eustache), mourut en   1538

39. PERRENOT (Antoine), cardinal, mourut à Madrid en   1588

40. RICHARDOT (François), mourut en   1574

41. MOULART (Mathieu),   mort en 1600

42. PLOUICH (Jean de),   —   1602

43. RICHARDOT (Jean), mourut archevêque de Cambrai en   1615

44. ORTEMBERG (Herman),   mort en 1626

45. BOUDOT (Paul),   —   1635

46. MOREAU (Etienne),   —   1670

47. ROCHECHOUART (Gui de Sève de), —   1624 ?

48. BAGLION DE LA SALLE (François),   1752

49. BONNEGUISE (Jean de),   —   1769

50. CONZIÉ (Louis-François-Marc-Hilaire
   de), mort à Londres en   1804

—

Après le Concordat.

LATOUR D'AUVERGNE DE LAURAGAIS, cardinal, mort
   en 1850.

PARISIS, nommé en 1851.

CURÉS

DES PAROISSES DE DOUAI DEPUIS 1790.

SAINT-PIERRE.

1784. Breuvart (Léon-Joseph).
1791. Bourdon (Philippe-Joseph) , non acceptant.
1791. Plumecocq (Laurent-Joseph-Gabriel).
1802. Lelièvre (Joseph-Ferdinand).
1808. Carpentier (Etienne-Paul).
1825. Rousseau.
1832. Semaille (Chrétien-Joseph).
1850. Héroguez.

NOTRE-DAME.

1784. Goguillon (Louis-Joseph).
1803. Plumecocq (Laurent-Joseph–Gabriel).
1803. Noureux (Jean-Thomas).
1814. Deleruyelle (Auguste–Laurent).

1821. St-Léger (Louis-Joseph).

1822. Flory.

1837. Lefebvre (François-Joseph).

———

SAINT-JACQUES.

1786. Primat (Claude-François-Marie).

1791. Perrin (Pierre).

1803. Carpentier (Etienne-Paul).

1808. Lewille (Charles-Ignace).

1813. Levesque (Alexandre-François-Narcisse).

1845. Héroguez.

1850. Vrambout.

1856. Bataille.

APPENDICE

OU NOTES ADDITIONNELLES.

Collégiale de Saint-Amé.

Les chanoines de cette Collégiale , au nombre de vingt-cinq , avaient chacun une portion de terre , plus ou moins considérable sur le territoire d'Ecourt-St-Quentin et de Saudemont , de laquelle ils étaient *seigneurs particuliers.*

Les vingt-cinq tenanciers , qu'on nommait *trimasu-riers*, parce qu'ils tenaient leurs masures ou manoirs de tierce-main , savoir des chanoines nommés *masu-riers*, et ceux-ci du Chapitre , leur donnaient des rentes en grains , poules et œufs. A la mort des trimasuriers , leurs héritiers étaient tenus de relever leur masure du chanoine de qui elle dépendait , et de lui payer un franc par rasière de terre. Ces trimasurièrs devaient aussi deux fois l'an , le jour de saint Barnabé

et le jour de saint Simon et de saint Jude , venir à
Douai offrir un repas aux chanoines, qui, s'ils l'accep-
taient , se transportaient quinze jours après dans leur
maison d'Ecourt ou de Saudemont et y étaient fêtés.
Les trimasuriers leur tenaient l'étrier à la descente et
à la montée de leurs chevaux , les servaient à table ,
les logeaient et nourrissaient leurs montures. Cet usage
qui s'observait très anciennement était consacré par
plusieurs articles des coutumes d'Ecourt et de Saudemont.

Le Chapitre de St-Amé avait le patronat de ces deux
villages et il était curé primitif, collateur et décimateur
de Fressain.

Le grand miracle de St-Amé a été tant de fois imprimé et réimprimé que nous croyons superflu de le
reproduire.

Collégiale de Saint-Pierre.

Au mois de juillet 1252 , le Chapitre de St-Pierre
vendit à la ville de Douai le droit de tonlieu et celui
d'avoir une foire dans son enclos, le 1er du mois
d'août et jusqu'après les vêpres du jour de la fête de

St-Pierre-aux-Liens. C'était pour prolonger cette foire que le Chapitre ne chantait les vêpres qu'à sept heures du soir. Le peuple, en se rendant à la foire, se portait en foule à cet office, qui prit de là le nom de *Vêpres à puches*.

Sœurs hospitalières de l'Hôtel-Dieu.

Par lettres du 25 mai 1768, l'évêque d'Arras, Jean de Bonneguise avait autorisé ces sœurs à porter le costume suivant. Une coiffe conforme à celle des Bernardines, corset et jupe de laine blanche pour les jours de cérémonie et de communion avec un rochet de *baptiste* et une *gempe* de façon unie.

Sœurs de Charité.

La chapelle du Béguinage avait été fondée en l'honneur des onze mille vierges. Par lettres de Rome du

1ᵉʳ juillet 1506 , sous le pontificat de Jules II , cent
jours d'indulgence étaient accordés aux fidèles qui visitaient cette chapelle les jours de Noël , de la Purifica-
tion et le jour de la dédicace de cette chapelle.

Chapelles.

Une chapelle avait été établie au Palais-de-Justice
en 1715 , lors que ce local fut affecté au service du
Parlement de Flandre. Elle avait cessé d'être en usage
en 1790. Depuis la création des Cours d'appel , la
la messe du Saint-Esprit , qui se célèbre , chaque année lors de la rentrée des tribunaux se disait en l'église
St-Pierre. Depuis trois ans , cette cérémonie a lieu
au Palais.

Le Collége d'Anchin , aujourd'hui le Lycée , avait
avec son église une chapelle domestique dans son enceinte. Elle avait été longtemps abandonnée ; mais elle
a été restaurée avec élégance. On y remarque quelques
bons tableaux , un bel autel. Sa voûte ceintrée est très
remarquable.

Dorignies (hameau de Douai.)

—

Au hameau de Dorignies, la Collégiale de St-Amé avait une chapelle, sous l'invocation de *saint Michel*, qui a été démolie à l'époque de la révolution.

Les Jésuites, avant leur suppression y avaient aussi une chapelle domestique qui disparut alors.

Une jolie petite église, sous l'invocation de *Notre-Dame-de-Bonne-Espérance*, a été construite à Dorignies, par les libéralités de Mme la comtesse Duchâtel, née Paulée, en 1858. Elle a été bénite solennellement par Mgr. l'archevêque de Cambrai le 13 juillet 1859.

Index Alphabétique.

12

TABLE DES MATIÈRES.

OMISSIONS. — ERRATA.

Page 24, *de Lagrance*, lisez *de Lagrange*.
— 30, *à a liberté*, lisez *à la liberté*
— 45, *Antiquia*, lisez *antiqua*.
— 53, *Concordait*, lisez *Concordat*.
— 78, Le curé-doyen de St-Jacques est M. Bataille.
— 150, *Grégoire XVI*, pour transposition, lisez *Pie IX*.
— 155, CAPELLE (Louis), né à Douai en 1810.
— Possoz (Alexis), né à Douai le 29 avril 1803.

Vᵉ ADAM imp. A DOUAI

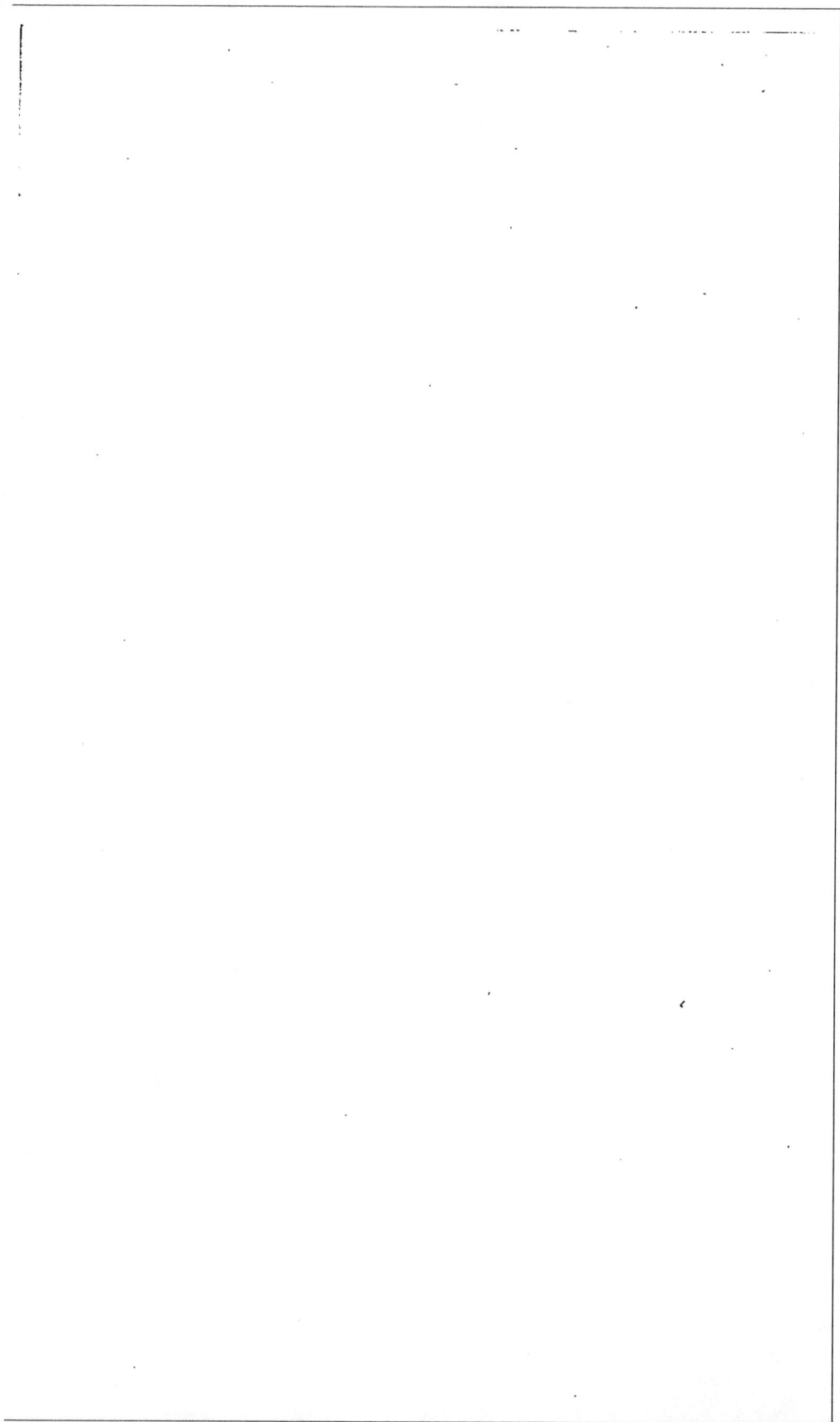

www.ingramcontent.com/pod-product-compliance
Lightning Source LLC
Chambersburg PA
CBHW072034080426
42733CB00010B/1884